博客思出版社

學術與政治研究系列 2

臺灣的第三條路

社區營造政治學

林文彬 著

真摯推薦

陳其南 教授

文彬這本書，與其說是《社造政治學》，毋寧說是「政治社造學」。社造人物對於土地的關愛出於真心真意，更難能可貴的是他們自動自發、不求回報。

盧思岳 理事長

基於關愛土地、守護家鄉的情懷，書中深入探索虎尾的過去、現在與未來；也積極針砭時政，探討台灣政治、經濟、社會的發展，以及公民社會實現的可能。

蔡英文 主席

虎尾的改變、進步大家有目共睹。書中認為國家要進步，問題在公民；社會要改變，問題在社區。

蘇治芬 縣長

我非常樂意向大家推介這本《社造政治學》，因為，在政治的領域中，社造才是一切的根本。

劉銓芝 處長

書中廣度、深度俱佳，從社造精神出發，觀照政治全局，再回歸到市井基層的關懷，革故鼎新。

目錄

第三章：重返虎尾人（Favorlang）的榮耀
有關農博，你不能不知道的虎尾 **120**

第五章：公民虎尾，生活首都 **191**

社造的「三生有幸」

前行政院文建會主任委員 陳其南 教授

社造人物義無反顧、為天下先的人格特質，在文彬鎮長身上，以及這本書上，我都看到了。因為強烈的使命感和長期關懷鄉土的理念，文彬選擇了一條特殊的道路：社造人從政之路，也締造了很多「第一」。

他當里長推動造街，如果不是當時鎮公所主事者和民代的集體貪瀆，導致文彬好不容易爭取到的龐大經費被上級政府收回而破局，「雲林第一街」非虎尾莫屬。

文彬毫不氣餒，反而藉著參選並擔任鎮民代表發聲，復進一步參選鎮長，期待從公部門內部來個大翻轉，以「社造行政化」的推動，開出「行政社造化」的燦爛花朵。豈料當選之日就驚爆地方自治史上的重大治安事件，文彬槍口餘生，仍然不改其志。因為文彬相信：只要虎尾成為生活、生計、生態俱優的「生活首都」，成為真正的「台灣第一」，這些犧牲都只是過程中激起的漣漪，一切辛苦也都值得。

文彬這本書，與其說是「社區營造政治學」，毋寧說是「政治學社造」。書中除了娓娓道來，得以讓人窺見他一路走來推動社造的軌跡和酸甜苦辣，也啟發人們尤其是政治人物，都應該放下身段，向社造學習的必要性。

社造人物對於土地的關愛出於真心真意，更難能可貴的是他們自動自發、不求回報。只有從這樣的心思出發，才能真正無私無我，落實對於土地的熱愛，澆灌出美好的家園，使民眾獲得生活、生計、生態「三生有幸」的生活環境。

長久以來，台灣這塊土地的「統治者」，一貫承襲著過客心態主政。高雄氣爆一舉爆出犧牲土地和生命換取經濟指標的荒謬；中央和地方政治生態則充斥著「黑金、家族、派系共治」的惡性循環，總是揮之不去。正因如此，整個台灣從中央到地方政經情勢一齊陷入了「系統性衰竭」的深淵。

細看文彬的社造政治論述，頗有跨越時空之感，並且深度、廣度兼俱；更難得的是它有相當高度，從社造精神出發，從政治視野綜覽且關照全局，復回歸到市井底層的關懷，真正切中時弊，革故鼎新，頗給人一種意外驚喜的感覺。

陳其南

社造人政治與政治學社造

社團法人台灣社造聯盟理事長 盧思岳

文彬鎮長是我的社造夥伴中最具代議式民主選票基礎的人，從當選基層里長到鎮民代表以迄擔任鎮長，一路推動社區營造不改其志，無怨無悔，走出一條不同於一般政治人物的從政之路，其堅持不懈與擇善固執的精神令人敬佩。

前文建會主委、台灣社區營造政策啟動的推手陳其南教授說過：「社區營造在本質上是『政治運動』，是一種『民主化』的運動。」孫中山先生則說：「政，是眾人之事（即公共事務）；治，是管理。政治，就是管理眾人之事（即治理公共事務）。」就政治而言，社區營造是從地方治理的介面切入公共事務，推動居民自治和參與式民主的一種策略，正可彌補代議式民主的缺失與弊端；與民主運動、社會運動並列，同是台灣邁向公民社會的路徑之一。

文彬的從政歷程，力求兼顧參與式民主的理想和代議式民主的現實，一路走來備極艱辛。當里長時爭取到的社區改造經費，竟引爆鎮公所、鎮代會集體貪瀆索賄案；當鎮民代表揭弊頻遭威脅恐嚇；甫當選鎮長當晚竟遭對手黑槍追襲……。但他並未被黑道、金權、派系及惡質的政治文化擊倒，在西安里里長任內即努力推動各項軟硬體社區營造工作；擔任虎尾鎮民代表時更積極催生糖鐵登錄文化資產，結合鎮內其他文化資源活化再利用；尤足稱道者，於當選虎尾鎮長後成立全台唯一的「鄉鎮公所層級的社區總體營造中心」，並實質編列人事、預算來輔導社區推動，正彌補了從中央部會、縣市政府直接跳到社區，獨漏鄉鎮市區公所的「行政社造化」之重要環節。

林文彬的《社區營造政治學》一書，基於關愛土地、守護家鄉的情懷，書中深入探索虎尾過去的故事、現在的困境與未來的願景；也積極針砭時政，探討台灣政治、經濟、社會的發展，以及公民社會實現的可能。且不論文彬的政黨立場，這本《社區營造政治學》可說是他透過多年的社區營造實踐及從政的心路歷程，所淬鍊出來的心得和體悟。

社造，既是社區營造，也是社會改造。林文彬以「社造入政治」，更提醒我們「政治學社造」，讓台灣可以更美好！茲為序。

盧思岳

林文彬的社區營造政治學

民進黨黨主席 蔡英文

這幾年我擔任黨主席以來，看見很多黨籍的優秀鄉鎮長，他們全力的投入社造運動、對於鄉土有最認真、質樸的感情。虎尾鎮長林文彬是其中的佼佼者，不僅如此，他也是我們這些出色的鄉鎮長中，不僅能說、能做，也最願意投入書寫的一位。

文彬請我幫他的新書《社區營造政治學》做序，讓我想起了一件往事。二〇〇九年，出身社造運動的他，得到鄉親肯定，擊敗了國民黨追求連任的候選人，當選虎尾鎮長。當晚發生了震驚全國的槍擊案，落敗的對手候選人持槍到文彬的競選總部尋仇，文彬虎口餘生，正是在這樣的驚滔駭浪中，文彬開始了虎尾的「社造行政化」的運動。

五年下來，文彬的努力已經為虎尾開出了不少漂亮的花朵。他是很有歷史感的人，對虎尾的歷史瞭若指掌；也基於這樣的歷史感，文彬一直希望可以重新喚醒虎尾人的歷史記憶。他和所有的虎尾人一起，以改善社區、重建記憶的思考為出發點，重新規劃埒內社區的棉花田與毛巾產業、二二八紀念園區的動線結合、鼓勵頂溪社區以點子創意取代金錢競逐的社造重建工程。他也和社區一起努力，建設了堀頭社區有巧思特色的公園，以及北溪里龍安宮前的剪紙藝術村。文彬政績斐然，他為虎尾帶來的改變有目共睹。

我一直認為，在地的特色，應該根源於記憶與歷史。虎尾在文彬的帶領下，開始有了不一樣的變化。這個過去的糖業之都，有了根源於自身歷史而來的創新與建設，這裡的人們也因為投入這場運動的共同努力，找回了自信與榮耀。很多人都以為傳統和創新是衝突的，但文彬所投入的社造經驗告訴我們，傳統與創新並不衝突，建立在傳統之上的創新，才是健康的發展方向。文彬的努力讓我想起多年前看過的一句話，「有歷史的通道，就不會飄浮；有時代的氣息，則知道你站在哪裡了」。

一如先前所說，文彬當選虎尾鎮長的第一天，就經歷一場驚滔駭浪的槍擊挑戰。但是這幾年來，文彬不斷的努力，想要用社區的力量，來翻轉台灣地方政治最黑暗、醜惡的面向，從地方執政開始，來改變台灣。他在書中寫了一句話，他認為國家要進步，問題在公民，不在樁腳；社會要改變，問題在黑金，不在地方。我相信，這是從事實際政治的文彬最大的痛，也是最尖銳而深刻的批評。我也相信，他始終抱持理想，勇敢面對每一天未知的挑戰，把他的政治志業做到最好。

當前的台灣，公民社會的價值經常被提起。但要成為一個公民社會，靠的不僅僅是菁英的努力，更需要公民的責任。對文彬而言，社造運動中的參與和投入，是培養公民責任的重要環節。文彬的政績之所以為虎尾人所稱道，也是因為他重新找回了虎尾人的驕傲。

選戰方酣，文彬出版自己的作品，並請我為文推薦。這部作品，是文彬對過去五年投入行政社造運動的交代與回憶，也是對於未來四年，他所希望繼續完成的夢想藍圖的勾勒。這是一本同時兼顧理想與現實的作品，其中有美好的願景，也有激烈的批判，我真心推薦這本書，也期待有更多出色的鄉鎮長，能夠把自己在政治現實中奮力實踐理想的故事，分享給所有關心台灣未來的讀者們閱讀。

蔡英文

社造才是根本

雲林縣縣長 蘇治芬

極權政治或威權統治有一個共通現象，就是統治者壟斷所有的社會資源，不允許民間有自發性的力量，任何自發性的民間組織或力量，到了一定的規模一定會遭受到官方收編的壓力，否則便予以抹黑打壓。久之，人們再也不相信他人自發性的善意，社會力也就蕩然無存。統治者消弭了對自己任何質疑和挑戰的可能，付出的代價就是統治一群唯命是從（或陽奉陰違）行屍走肉般的人民。

過去的台灣也有類似的情形，解嚴之前，除了黨禁報禁以外，任何全國性的公益團體、婦女團體、藝文團體、童子軍團等等，以及他們的地方分支機構，也是全部掌握在黨國體制手中，長期運作的結果，就是過去常說的一句話：「中國人（在當年就是指台灣人）很有人情味，但是缺乏公德心」。人情味是屬於個人私德的領域，但是公德心卻是要在公民社會中長期培養而來，在一個公共參與處處受限的社會中，哪有開放的公民社會？

解嚴之後，台灣漸漸走向民主化，在制度上、形式上，現在的台灣似乎已經和西方民主國家沒什麼兩樣了，但是自發性的社會力量卻始終未能完整地建立起來，對於公共參與，許多人仍是抱著懷疑觀望的態度，在許多鄉鎮縣市，原本黨國體制所掌握的領域，便被地方黑金勢力所取代，儘管政治已經民主化，但「人民當家作主」仍是一句空言。

要打破這樣的困境，最佳的良方還是要從社造做起，自主性的社區營造讓人人都有參與意見貢獻能力的機會，感受到「做自己的主人」的自覺與尊嚴。事實證明，凡是社造健全的地方，黑金勢力就難有插足的空間。也就是說，民主政治必須紮根於草根民主的實踐。

林文彬鎮長可說是我所認識者當中最執著於社區營造的人，從擔任西安里長開始到民代到鎮長任內，莫不傾其全力將其社造理念付諸實現，基於同樣的理念，治芬帶領之下的縣府團隊也始終予以大力支持，如今虎尾鎮頂溪、埒內、堀頭、北溪等社區營造的成績已是有目共睹。現在文彬鎮長決定將其多年心得整理成冊，其內容雖涵蓋社區營造，地方文史與國家主權及定位，但是其核心理念還是始終聚焦於社造，我也非常樂意向大家推介這本《社區營造政治學》，因為，在政治的領域中，社造才是一切的根本。

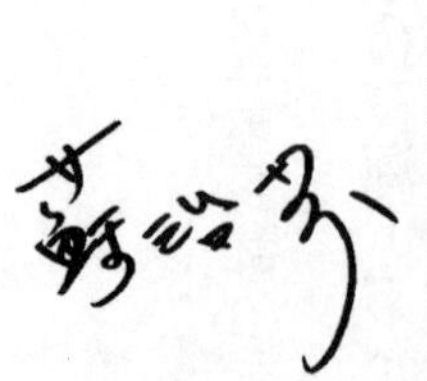

速成時代中，一股清新而扎實的力量

雲林縣文化處長 劉銓芝

長期從事社區營造的人，通常有著為天下先的人格特質與使命感，而這些特質正可從文彬鎮長多年來所投入的工作中，清楚地得到印證，同時在本書的字裡行間之中也可清晰地感受得到。

出自這份強烈的使命感與長期關懷鄉土的理念，文彬選擇了一條特殊的社造之路：以社造人邁向從政之路。然而在這條艱辛的道路上，他締造了很多的「第一」，他在擔任里長期間開始推動虎尾的造街運動，一切進行順利之際，卻遇到了當時鎮公所主事者與民代的集體貪瀆，導致文彬努力爭取到的龐大經費因而被收回，並也導致原應屬「雲林第一街」的計畫因而中斷。

然而，經過此一事件更讓文彬堅定社造人從政的理想與信念，他隨即參選並榮任虎尾鎮民代表，積極為虎尾鎮民發聲；文彬更進一步參選虎尾鎮長，期待從公部門內部進行徹底的翻轉與改造，以「社造行政化」作為推動目標，並期待「行政社造化」的燦爛花朵。文彬的理念感動了鎮民並順利當選虎尾鎮長，豈料當選之日即受到地方自治史上重大治安事件的波及，文彬槍口餘生，但矢志以社造精神進行改革的目標仍不改變。

文彬從學者、社造人，再歷經里長、鎮民代表、鎮長的角色，在在期待將虎尾鎮帶向生活、生計、生態等三生俱優的「生活首都」願景，也期待虎尾成為真正的「台灣第一」，長時間以來，可以見到文彬始終如一，一直維持著社造人的特質。因此，文彬所著作的這本書中，即清楚地展現了強烈的社造精神與理念。

文彬的社造政治論述，可以感受到社造人對於土地強烈的關愛，以及長時間投入、付出的努力與心血，在時下尚功利、唯速成的時代氛圍中，這本書毋寧是一股清新而扎實的力量。期待文彬持續社造理想與精神，在邁向「政治學社造」的道路上，創造出更多的實績與成果。

自序：社造政治學

林文彬

一九九四年李登輝以台灣「生命共同體」號召台灣人，開啟台灣社區總體營造的先聲；一九九七年虎尾全國文藝季，則開啟虎尾的文藝復興運動；二〇〇〇年謝長廷倡言社區主義，為高雄打下海洋城市的願景。二〇一一年上海世博，台灣館講的是台灣的科技燈效，跟世界各館一樣爭奇鬥艷介紹在地的新風情。

但美國館卻令人意外地訴說著，美國一個社區營造的故事，故事中小女孩以身作則，喚醒社區的公民意識，共同完成社區口袋公園的動人故事。

故事中，居民從一開始的冷漠，到熱情的參與，終至共享完成的喜悅，彰顯了社區主義，闡揚了美國精神。……這一路走來。在我看來，美國所要強調的是一門「社區營造政治學」。

「社區營造政治學」的定義在我以為，一方面是希望政治從社造中學習；一方面講的是社造學的政治作用。林文彬的「社區營造政治學」就以這樣的心情，懷著這樣的觀察，將全書分成七章，探析：

希望藉由本書，從地方拆解到中央，再從社造探索到政治，一路從虎尾的農博說起，見證地方喪失的公民性，再從總統大選挑剔台灣消失的民主性，從而追根究柢試圖找尋台灣民主與公民失根的軌跡，以及台灣何去何從的答案。

感謝虎尾，感謝所有協助本書出版、發行，和推薦的朋友，謝謝你們。

再版序：台灣的第三條路—社區營造政治學

林文彬

去年底，二〇一四年十一月七日紀政小姐為這本新書《社造政治學》發表會特意南下虎尾誠品書店站台推薦，頗受共鳴。

今須再版，遂加入新作七篇，內文改成直式，並放大字體，以方便讀者閱讀，並開宗明義改名《台灣的第三條路：社區營造政治學》。

文彬有幸參與響應紀政小姐的健走運動，深深體會健走無異是我們愛護身體健康的第三條路，這有別於其他運動，是極為方便而又必要的健身方法。而「社區營造政治學」何嘗不是強健台灣體質方便又必要的「第三條路」。

明年初，二〇一六年一月十六日總統大選在即，本書第四章正好剖析「二〇一六台灣要進步」的方法與堅持，真心期待總統候選人放大心願，不僅要贏得總統，也要贏得一個公民的台灣，匡正憲政體制，搶救台灣漸凍的主體性。

今年底，二〇一五年十二月一日高鐵虎尾站通車之後，虎尾可望成為台灣一日生活圈的中心，加速吸引遊客的造訪，搶先體驗虎尾具備糖都、巾都，與偶戲之都的特色，並認證文化部全國五大社造亮點小鎮，以及交通部觀光局十大幸福好玩城市的魅力。

一路上。再次感謝虎尾，感謝讀者，感謝大家，繼續努力。

台灣民主是時代雜誌美麗的誤解

二〇一五年六月二十一日刊登於自由時報A13版自由廣場

◎林文彬

蔡英文將登上二十二日新一期的時代雜誌亞洲版封面，大標題是她可能領導華人唯一的民主國家，小標題是這會讓北京緊張。

其實，台灣不是民主國家。時代雜誌不察，單以選舉誤解了台灣的民主，看似重視民進黨提名的總統候選人蔡英文，卻也等同確認中華民國在台灣的合法性、正當性，這是對中國國民黨在台灣實施選舉混充民主最大的獎賞，卻是對台灣人當總統就等於是民主的美麗的期待與誤解。

別的不談，就說民主黨籍的歐巴馬總統要向獨有共和黨黨徽的美國國旗敬禮嗎？要唱由共和黨的黨歌獨佔的國歌嗎？還有美國憲法是以共和黨的黨綱主義為宗旨嗎？並要向唯一的共和黨創黨元勛行國家最敬禮嗎？美國人一定不敢想像會有這種事情發生，要有的話鐵定認為，只有北韓跟中國才做得出來；要有的話，早就革命了。

但在號稱民主的台灣，蔡英文當選總統之後，要向中國國民黨以黨徽、總理獨佔的中華民國國旗、國父宣誓效忠；還要高唱中國國民黨黨歌的中華民國國歌，施政作為還要遵照中華民國的一中憲法，以及中國國民黨的三民主義和其總理遺囑等貫徹始終。這種形同一黨專政的體制，怎會是美國一貫定義的民主？

再說，北京看到的是只剩選舉民主的台灣；看到的是不說專制卻是專政的台灣。中國怎會緊張，怎會怕以假民主產生的質變。

其實，就怕你不選。只要台灣愛選總統，就注定會愈向一中憲法的承諾靠攏，並愈向一中框架鞏固。台灣的民主反會質變，且愈加艱難。

因此，台灣欲有民主，除非中國國民黨退出、放棄獨佔中華民國的憲政體制，或另訂新憲法，否則一切都是玩假的。唯一玩真的是，時代雜誌認為台灣是華人唯一的民主國家，實在只是想說給北京緊張的而已。

第一章：台灣的第三條路

1．台灣，問題出在社區

台灣最近面臨很多問題，雖說很多看來是藍綠、統獨的問題，但人們漸漸思考之後，其實會發覺，那是社區出了問題，或有人說成轉型正義問題。但不管說法如何，其實講白一點，我們都是一群最不願面對社區問題真相的鴕鳥人。我們都只會腳踩著腳下的玫瑰，遙望天邊的彩虹。

舉如最近地方客運業者停駛偏遠路線，民眾怪罪交通部、縣政府施政不力之餘，我們也不禁要問，鄉鎮市公所和村里社區做了些什麼？這種社區型的問題，本來就要由地方自治，社區解決。所以鄉鎮市公所應想辦法節省公帑調整部分交通預算，委外經營鄉鎮市民免費社區巴士，或組織社區共乘合作社等等。其實，淡水能，后里能，我們為什麼不能？總之，邊緣或偏遠的交通就是要由社區提出在地的解決辦法，並且自力救濟用在地的方法實現。但可惜，台灣大部分基層民意代表、鄉鎮市長、村里長仍是中國國民黨勾結派系、黑金把持，一談到社造這門學問，簡直就是良藥苦口。

再舉如近日因執行拆換中正紀念堂為自由廣場、民主紀念堂成功而聲名大噪的莊國榮，過程中莊媽媽嚇得要兒子謹言慎行，免受非議。其實，戒嚴時代訓練的台灣媽媽為保護家人，幾乎寧可選擇放棄公義，也不願見親人橫遭打擊。但問題是時到如今，我們卻仍隱約看到莊媽媽還活在戒嚴時代的恐懼，可見「中正」殘留的餘毒，深化的村民、臣民等順民性格有多深，也愈見證新一代台灣人要破除「中正」魔障所要承載來自親人似是而非的壓力有多大。但願這起成功的事件能成為勇敢的母親教育子女成為公民的分水嶺。因為只有能勇敢辯證、打造社區、環境的好壞，我們才有實際生存的意義和價值。

長期以來，台灣性格在歷經戒嚴、黑金陰影的殘毒和壓制的雙重塑造下，我們被透過媽媽型的社區生活教育，「嚇得」不願、不敢面對身邊事物的真相；而解嚴之後，我們雖稍敢「嗆聲」中央，卻仍不敢勇敢的面對基層、社區諸多等待我們一起解決的問題。甚至跟著無能的基層政治人物起舞，把責任推給中央、推給別人。

所以說，「笨蛋，問題出在社區」，我們應該勇敢面對鄉鎮市與村里社區的真相，一起想想辦法解決社區的問題。

2．社造四問：Q&A

社區總體營造簡稱社造。黃世輝在其論文《社區自主營造的理念與機制》裡面談到：隨著工商社會發達，人口往都市集中，造成鄉村社會體系難以為繼。在都市化與現代化的反省，使人們開始注意到生活的文化與品質，提出了「社區的將來由社區居民來塑造」、「由下而上，居民做主」等的想法，展開了「社區總體營造」運動。

社造，就是企圖透過居民的參與達到：

1. 運用地方文化特色，建立地方的自主性
2. 生活環境的改善與品質的提升
3. 文化產業與產業文化的發揮，造就地方產業振興
4. 阻止環境破壞、達到自然環境的永續經營

但對社造陌生的居民來說，如何開始進行社造與建立共識、如何尋求經費與資源等，我提出四個最常見的疑問來釐清這些問題：

A、什麼是在地意識？

生活的體驗，鄉土的情感。

以虎尾為例，為什麼不是布袋戲館，而是權力博物館？為什麼不是布袋戲傳藝中心，而是空軍遊樂場？

一九九六年我擔任虎尾青商會秘書長，那年我們策劃舉辦「戀戀五分車」和「催生虎尾溪親水公園」活動，得到民眾熱烈迴響，獲得極高的評價。但在權力與政治考量下，一些社造的精神被扭曲甚至誤解，我將在後面的章節分別討論。

B、比較社造學？

社造好壞不用比。一九九九年有人告訴我說，西安里因為是街上，所以比較好推動社造，像他們村子就比較不好做。言下之意，好像城市型的簡單，鄉下型的不好推。其實，社造不分地域，不分城鄉，沒有好不好辦的問題，社造好不好做的差別是在社造的理解，而非城鄉差距的問題。

後續將舉虎尾埒內棉花田的復育與頂溪躲貓貓的社區再造，都非街上而且成功的例子。

C、怎樣申請經費？

寫計畫書，向相關單位爭取。但社造的出發點不在經費，而是我能自己動手做些什麼。做社造不是靠經費，有錢不一定好辦事。

D、社區活動要不要請長官蒞臨？

不用。居民最大。要學自我肯定。否則也要找一些像樣的，千萬不要作賤社區。

3．沒有社造，沒有觀光

報載台東鄺縣長頻頻出國「拼」觀光，已引起各界質疑。確實，台東想爭取觀光客源，不是拉陸客來台了事，也不是一時想些花俏的辦法應付了事，更不是現在才出國「東施效顰」一翻了事。其實，想吸引觀光客，還是得回歸到社區的紮根工作。

舉如本地虎尾百年糖廠的宿舍建築群、五分車鐵道網、虎尾溪鐵橋，另有虎尾空軍的眷村聚落，還有嘉南大圳濁幹線等等，都是很能吸引觀光客的資源。不過，現狀也多岌岌可危。

但遺憾的是，部分鄉鎮公所不只是無為而治，任由人文資產遭受破壞；且未積極提出爭取保留、修復，或再利用等規畫、經營策略，任由可貴的景點消失，降低旅遊路線的群聚效應。殊為可惜。

但要能積極營造，或創造可吸引人潮的景點設施，無非是需要培養來自社區總體營造的方法與淬煉，經由社造的田野踏查，知己知彼，才能建設營造屬於自己的特色、產業，且可經由文化和產業的加值，創造雙贏的經濟產能與生活品質。這個時候若能一起培力具有品質與感動能量的社區民眾，勢必更能提供較為可觀的觀光服務，從而吸引更多的觀光客源。

所以，沒有社造，就沒有觀光。也就是說，沒有社造的根基，縱使出國也考察不出所以然。此正是內行看門道，外行看熱鬧，學不到know how，怎麼拼觀光。因此，當台灣自己都不太清楚要如何凝視自己的時候，台灣又如何向觀光客推銷台灣，以及如何讓觀光客帶著一生至少要來一次的價值回味，並期待再次的虎尾凝視、台東凝視或台灣凝視。

4．從《海角七號》看社造的弔詭與啟示

《海角七號》票房突破三億元新台幣，可謂力道驚人。為什麼？其實他是一部不折不扣的台灣版的社造電影，是一部運用社造方法與過程說出台灣各地、各處、各行、各業都想達到，卻少能達到，甚至既連已走過台灣社造十年的社區，也自嘆弗如的沒有終點、地址的「海角七號」。但《海角七號》卻做到了。

《海角七號》的導演是不是社區總體營造的運動者，不得而知。但《海角七號》的故事結構卻完全掌握了社造的方法與內涵，令人驚艷。單就《海角七號》這個通訊地址就是文史踏查與文化研究的縱深，而在地樂團的徵選、培訓，與大家一起幫忙「阿嘉」送信的過程，和「馬拉桑」小米酒的創意行銷，簡直就是社造急切找尋的地方自主性，尤其把地方之美透過電影行銷的手法，更是社造文化創意產業迫切開發的一環。

這些挖掘、深耕「腳下玫瑰」的做法，《海角七號》似乎全做到了。尤其，劇

中隱藏「這麼漂亮的大海，為什麼我們自己反而看不到海」（這令人心酸，也該問本地的六輕），「年輕人都留不下來」（這更該要問我們自己為地方做了什麼）的思慮、發聲，著實已牽動我們內心積蓄已久的委屈與無奈；同時《海角七號》一改以往抽象、論理、悲情的格局，改以故事、情節、快樂的基調，翻轉人們對台灣電影的刻版印象，果然大受歡迎。相對而言，這部《海角七號》的社造故事，也給台灣社造打了一劑強心劑。

台灣社造推動已有十多年，但全台八千七百多個村里，或三百六十八個鄉鎮市區中，恐怕都只有不到兩成的比率推動社造。換句話說，只有不到兩成的地方對地方的自明性稍能掌握，如此在地元素挖掘、深耕不足，突顯不出在地特色，凝聚不出在地的況味；再直接的說，當自己不認識自己的時候；當連自己都不知道自己是誰的時候，地方如何高談建設，鎮徽如何傳承創意，地方如何散放熱情唱出自己的《海角七號》，與秀出自己獨特的社區美學。如此，台灣電影如何站在有利的基礎上，再接再厲。

《海角七號》的成功不無給台灣社造上了一課。但不知觀眾捧場、感動之餘，是不是也能體會而願意觸動心靈回去多多參與推動社造，為社區發聲，為後繼的導演或電影，為下一部《海角七號》前製作業般的準備、提煉、萃取在地所應有的質素、故事，和提供文創產業所需的在地思維。

以前觀賞歐美的社區型棒球隊，或籃球隊，或足球隊等歷經艱難，從選角組隊培訓到勇奪冠軍的可歌可泣的社造模式架構電影，無不令人感動落淚。現在看到「馬拉桑」隊的努力（縱使是虛構），也令人振奮。

但真實的台灣「海角七號」在哪裡？在恆春，或在哪裡並不重要，重要的是在哪裡可以找到永存的「愛情」；可以找到一種用行動想為地方做些什麼的「鄉情」，那裡才是我們所寄望的「海角七號」。但真實的台灣卻少有過《海角七號》的情節。這正是台灣人的渴望，也正好利用這部電影移情反映在票房上的另一種憧憬與期待，或說是控訴與批判。

因為，《海角七號》終究是一齣虛擬的社造故事，是讓觀眾看到幾位其實跟現實生活很不一樣的地方基層人物，他們肯打破「失敗主義」，嘗試踏出社區營造的第一步來為地方設想，以美麗大海為背景，人口外流的地方情愫，並付出行動力的重新讓人們對家鄉燃起希望，找回失落了已久的故鄉光榮感。同時，片中他們編唱出自己的歌，令外國的日本歌星也刮目相看，而找到彩虹——屬於地方自己的信心，和發展地方音樂文創產業的契機。

所以，《海角七號》更值得討論的是他蘊涵這些社造的本質和動力，揭露台灣底層文化長期遭受壓抑的心靈，和打破失敗主義向當權者春吶嗆聲，城鄉也是能夠改造的宣示。這些獲得熱烈迴響的元素，恐怕才是片中「春吶」的主角；才是台灣社會應勇於正視的課題。

隨著《海角七號》下檔，餘波並未因此停止，報載電影《海角七號》拍攝地的恆春鎮代會，將組織真實版的「海角七號樂團」在明年「春吶」節目上軋上一腳。此舉不管恆春是什麼時機啟動社造，也不管用什麼方法展現社造，相信大眾對恆春實現《海角七號》的「預演式社造」必樂觀其成，也令人期待。

一般而論，社區總體營造的推動大都是由下而上，由內而外，自發性、自主性的從發覺社區的問題開始，踏查社區的自明性和資源等，再尋求經營解決的方法，然後大家一起來完成。《海角七號》裡說的既是經過這樣的過程所架構起來的故事。不過，像這樣一個組樂團的瘋狂夢想，在真實的社區生活裡，恐怕少有幾人撐得住別人的笑話，還願意去操作實現。尤其片中最後竟能大獲迴響的結果，這要看在台灣目前正在或已停歇社造的社區眼裡，恐怕除了電影，還是電影才有辦法實現這種不太可能的夢想。

但弔詭的是《海角七號》卻是把一個虛擬的社造故事先驗性的演了出來，並已證實電影裡的過程感人和電影外的結果，著已獲得至少三億元票房，和一百二十萬人次的觀賞。從而恆春鎮代會挾票房的保證，和時尚的趨勢，願意照貓畫虎，軋上一腳。姑不論從結果翻轉社造的先後過程如何，亦不無是啟動當地社造的契機。

由此以觀《海角七號》至少號召了政治人物不再被「失敗主義」打敗，願意嘗試開創改造城鄉發展的各種可能，這正是台灣政治所需要的新價值，而不只是在路燈、水溝，和鋪柏油等零碎式的、被動式的硬體建設裡打轉；其次，當真實的社造遇到困難時，不妨將夢想先演（社區劇場）出來，或製作模型，及多開幾次說明會，聽聽大家的反應再議；第三、社造也可以改弦更張從利己（賺錢）出發，再蔚為風潮的推己及人，進入利他的公共領域帶動社區營造。

總之，恆春若能因《海角七號》的演出成功而被帶動組成在地樂團，這不僅是《海角七號》的意外收穫；相信也是台灣辛苦推動十年社造之後所樂見的果實。但欣慰這樣的啟示之餘，《海角七號》「預演式社造」的弔詭，也正再一次預告台灣社區缺乏在地的自主性、自發性和自明性的難堪與困境。

二〇〇八年十二月十二日，全國首輪戲院正式下片後，統計票房為五點三億元，粗估約有兩百一十二萬人次觀賞過這部電影，也就是說至少佔台灣勞動人口的百分之十四到十五，觀賞了台灣某個社區動起來的「虛擬故事」。從而這群不知社造，或只聞過社造，卻從未見識過社造的觀眾；或已投入社造的工作者，如今兼睹社造的故事，或許已一解什麼是社造的疑惑，及或更加堅定社造的信念所必能獲得的迴響。

因此想必更想樂見真實的「海角七號」就在自己的社區發生，從而大家成為推動再一次台灣十年社造的新尖兵，恐怕是《海角七號》無心插柳柳成蔭的最大收穫。若果如此，這恐怕才是《海角七號》「尋尋覓覓」所欲呈現的主題、答案，和自然散發的一種社造驅力。而觀眾在捧場、感動之餘，當能體會而願意觸動心靈回到社區多多參與推動社造，為社區尋找、營造屬於自己的「海角七號」。

5．從糖鐵到高鐵，虎尾準備好了嗎？

二〇〇九年初春，我的一張賀卡，一個拜年，一聲問候，引發鄉親不少的回響。我賀卡的封面故事，「從糖鐵到高鐵，虎尾準備好了嗎？」

「確實，假如虎尾還沒準備好，那虎尾人的財產可要馬上減一半。」朋友跟我分享心得，讓我心如刀割。「這就像考試報名，卻沒用功準備，白花報名費一樣意思。」他還說高鐵特定區的報名費可多昂貴？「所以從糖鐵到高鐵，虎尾人一定要有自己的聲音。」不能坐以待斃；也不可能坐享其成。

A、您應面對的真相

「高鐵站什麼時候要建？」這是虎尾人最常被問到的一件事，也是選戰中的一個罩門。選戰中各路英雄好漢無不使出渾身解數，「保證在四年內完成設站」，後半段「否則辭職」的話倒是大家都在等。反觀另一位立委就比較務實，沒把握的事，總不能胡亂吹噓。他只答應盡全力爭取。更何況一個負責任，有思維的政治人物，更要問的是「虎尾準備好了嗎？」這樣一個反躬自省——涉及「城鎮總體營造」的問題。因為假如虎尾還沒準備好，那高鐵一設站反而會被磁吸效應吸走虎尾的商機，害了虎尾人的財產馬上減少一半。

虎尾站高鐵特定區佔地約四百二十公頃，面積規模相當於一個新的虎尾（原市區約五百二十公頃）市鎮，裡面舉凡道路、綠地公園、污水處理、景觀設置等公共設施早已一應俱全。未來，只要高鐵設站，她就會像全世界許許多多城市發展的經驗一樣，新城鎮向舊城區產生磁吸效應，屆時虎尾就會像當時的台北西門町一樣受到東區頂好商圈的崛起而沒落。「這可是虎尾人自導自演的『木馬屠城記』」，朋友直搗核心的說，「而居功拖來木馬——高鐵站的人，不知是否已意識到虎尾正面臨新的危機和挑戰。」

虎尾人遇過的危機還真不少，分別是一六三〇年代遭受荷蘭人的「獵逃」；之後遭逢多次的虎尾溪洪氾；一八五〇年代的曾圭角之亂把市街化為荒蕪之境；一九四〇年代的戰亂；一九七〇年代糖業沒落、電影街沒落、毛巾業沒落；直到一九八〇年代空軍訓練中心撤離。這段漫長的歲月裡，虎尾人似乎對這些變化都無動於衷，也從未把過去光榮的產業轉化成虎尾人自己的產業，從而內化成虎尾人自己的文化利基。也就是說虎尾一向得靠外來的因素生存，從未有過自我成長轉型的作為，非常可惜。

B、虎尾不能再輸

因此，近二十年來虎尾輸去的不只是產業的一再崩解離散；也不只是未賺到這一波新時代的文化創意產業商機，其實虎尾人所喪失的是更難於估計的城市風格——一種融入生活建築和公共建設美學的糖都風貌；或空軍的故鄉風華；或電影街；或毛巾村；或六房媽路燈……，和子女，也就是下一代虎尾人能積累這些產業獨特的創造能量。虎尾人落失了這些生活要素，如何面對高鐵特定區一個嶄新的新市鎮的崛起和挑戰？

虎尾因危機而再次出發，是在一百年前的日糖設廠。但截至目前為止，虎尾並未善加利用這個天上掉下來的禮物，把他轉化成帶動城市發展的利基，反而棄之如敝蓆。這一點不難從不知珍惜而快速崩落荒廢的糖業設施；建國一、二村；虎尾新公園；市容敗壞的街區等見出端倪。其實，虎尾人是可以應用這些獨特的因素，充分自在地過著別人想來一探究竟的光榮的生活的。但虎尾人似乎從未這樣認為，也從未這樣自信。

因為，虎尾人似乎和其他地方一樣，已經被教育成失敗主義者。連帶在這樣一座無奈的城市裡，什麼事都被推說，「沒經費，不可能」（政客們也落得輕鬆）。其實這個時代只要有好的構想，好的計畫，就有希望，就有可能。

二〇〇八年八月「鐵支路下」突遭檢警單位雷厲風行地掃蕩色情，業者阿秋對著電子媒體的鏡頭哭訴，生計無以為繼，哀求檢警放業者一條生路。隨後，換我面對媒體，我趕緊想著說，「虎尾有全台唯一仍在萬頃蔗園裡奔馳的百年糖鐵五分車，這條象徵殖民產業的糖鐵穿過虎尾市區的六個平交道，若能加於規劃整頓成『鐵支路下公園』，不僅可改善環境景觀，提高生活品質；更能吸引觀光客和鐵道迷前來懷舊觀光，帶來轉型的商機，提高附加價值。」這時我看得出來，阿秋睜大眼睛緊緊盯著我的思緒，我繼續說，「屆時，她們大可轉型改行經營泡沫茶店、糖鐵咖啡，或專賣台糖枝仔冰，甚至願意的話，她們可以為遊客說說這裡的故事。」

C、光榮城市關鍵時刻

其實，新港早就有了一條令人嚮往稱羨的鐵道公園。新港能，虎尾當然更能。因為，虎尾早有「北五間厝，南橋仔頭」；「北虎尾，南阿猴」；直至今日仍是「北虎尾，南善化」，從早期的南北最大廠地位到現在唯一兩座仍在生產的糖廠，一百年來不管南部怎麼變，虎尾都是居全台糖業生產的首善之都。虎尾的光榮定位，虎尾人自己看到了嗎？

如今，虎尾因應高鐵設站正像處於新時代的十字路口。因此，在這個關鍵的時刻，虎尾何去何從，虎尾人怎能沒聲音。像雲林布袋戲館、雲林故事館、雲林高鐵站怎麼可以不用「虎尾」命名？像建國一二村、空軍基地怎麼可以不積極爭取保留再利用為飛機公園、國防體驗觀光營區？像虎尾的商圈再造、都市更新、虎尾新公園、虎尾自行車道等怎麼可以不用大力推動？連結高鐵站的聯絡道路，只拼命修建連結斗六的聯絡道路，而連絡虎尾雙都心的聯絡道路——觀光大道，怎麼可以不有所作為？

虎尾人豈可「踩著腳下的玫瑰，遙望天邊的彩虹」。但遺憾的是高鐵特定區邊界的糖鐵西螺線便無端地被拆除。地方人士為了抗議這起拆除糖鐵的蠢事，還特地要求文彬結合了社區的力量舉辦「二〇〇七年鐵道行腳南北線大會師」的活動，讓台糖公司首肯將糖鐵全線登錄為文化景觀，並造景還原。以後，特定區的新虎尾人才知道虎尾新故鄉的這塊土地有過百年糖業的歷史軌跡；而全台灣的人才有興趣來此坐享一杯糖鐵咖啡，並一睹糖鐵五分車和高速火車世紀交會的浪漫經典畫面。

D、城鎮總體營造

但奇怪的是地方機關竟然連最基本的守護責任都未盡責，甚至連對這塊土地的變遷紀錄也付諸闕如。所幸，二〇〇七年十一月縣長蘇治芬為能兼顧墾地、廉使與興中三里的歷史空間感，特地要文彬徵詢地方人士，如何為特定區裡的公園綠地命名，也因此虎尾高鐵特定區裡便出現有六十甲公、東村、松園、墾地、廉使、興中、尾寮、犇園，與糖鐵等寓教於樂的公園名稱，藉以尊重、緬懷先人先賢的打拼遺址。

然而，脫離了這些作為。長期以來，虎尾人已被社會化成只能、只想要求路燈、水溝，和鋪柏油等，這些消耗性、零碎式的「爭取」，說一動做一動，而不是地方機關主動城鎮總體營造，積極規劃評估，分期分段施設。相反的政治一如往常像封建保守社會的恩給、賞賜一般。結果，透過這一套政治綁樁的鬧劇，虎尾就這麼簡單地被弱化了。

於是，高鐵站應運而生，在無能之後這就像春藥一樣，讓所有的人重燃希望，找回尊嚴。當時的縣府就在這種情境下加碼搶先開發特定區，成了全台灣最乖、最配合，相對的也是最笨蛋、最低能、最慷雲林人之慨的政府（簡直是賣主求榮），試想天底下哪有一個笨蛋會在高鐵站未建前，就急於開發特定區，既連烏日站周邊到現在也還沒有開發成雲林特定區的一丁點樣貌。難不成這又是雲林人的第二個台西海園（浪費公帑、任其荒蕪，或另有暗盤隱情）；而這筆糊塗帳，錯誤的政策總該翻出來清一清。

E、虎尾人要有作為

二○○七年十月高鐵公司在縣長蘇治芬大力催促下公佈虎尾站的設計圖說，預計工期三十六個月，所需經費三十億元。但何時動工「將有待進一步評估確定」，高鐵公司十足的官腔答法，虎尾人早就麻痺了。

二○○九年一月二十日春節前夕，蘇治芬縣長請李應元副縣長偕同台北市雲林同鄉會康義勝（崙背人）理事長及秘書長鄭丞宏（虎尾人）等百多位鄉親至立法院、行政院陳情早日設立虎尾高鐵站，方便雲林鄉親返鄉過節，以及帶動雲林產業快速發展。

虎尾高鐵站儼然成為搶救雲林人的救命仙丹。但虎尾人呢？七十八號快速道路載走了每年五百萬人潮的北港過路香客；土庫石廟交流道攔截了大屯、土庫的消費群；斗六聯絡道路的虎尾西園交流道更將帶走虎尾高鐵站的遊客人潮。虎尾沒有因為交通發達而繁榮，反而加速邊緣化。這次，從糖鐵到高鐵，歷經百年風霜歲月的智慧，虎尾是要再後知後覺，坐等沒落了之後，再來怨天尤人；還是挽起衣袖，趁早未雨綢繆。虎尾，作為一個光榮城市，要有作為！？

6．國防部應給虎尾一個公道

二〇〇八年四月十七日（星期四）刊登 自由時報自由廣場

報載國防部標售本地建國一、二村土地約二十九甲的翠鬱森林，令人深覺不公，並不覺要為其請命保存再利用，創造雙贏。

這個有著滄桑歷史，和應該保存下來的多種條件和獨特景觀的眷村，係於一九四三年因日本軍強制拆遷原稱後壁寮、竹圍子、吳厝等村莊而來。數年前，這群「離鄉背景一甲子的原住民」向政府請求補償未果，現國防部卻要將其標售，實在不合道理。

照理講，一個仁民愛物的政府著應，第一、在國府來台接收日本投降的財產時，應徵求「原住民」是否願意返回原居地；第二、或應以合理房地產價格公平補償；第三、現在空軍基地已撤離完成階段性任務，眷村也已人去樓空之際，猶應徵求地方的新用途及意願。

但可惜的是，國防部既未曾表示感謝虎尾人長期提供土地的付出；也未曾準備以永續經營的態度回饋地方。反而予人兔死狗烹的感覺，實在非常遺憾。事實上，虎尾建國一、二村的地理、景觀獨特，除其位於虎尾高鐵站新市鎮與虎尾原市區之間，有高鐵火車經過外，更有嘉南大圳濁幹線，和仍在營運的虎尾糖廠鐵道徜徉環繞其間。

因此若能保存其自清領時期既已繁衍至今的翠鬱森林、水井，以及日治時代遺留的碉堡、房舍、馬房、醫務所、防空洞、水塔、戰備水池等軍事設施，和戰後由國軍接收改為空軍虎尾基地眷村的幼稚園、活動中心、福利社、自治會暨里辦公室、集合住宅等眷村文化遺跡等，結合成為人文、戰爭與自然的生態文化園區，將是保存歷經三個時代的集體回憶，同時也是新時代、新市區居民的休憩綠地，和觀光旅遊景點之所在。則其產值所創造的國力，當不下於一時的土地販售所得，也絕不少於賤賣國防遺跡的價值。

尤其，虎尾建國一二村鄰近虎尾空軍基地訓練中心，現中心亦已完全撤離，實更有條件在這塊九十甲的基地上整體規劃創建大型飛機公園，或依遺留的軍事設施整建為國防演訓育樂渡假中心等，一方面寓教於樂，宣導國防理念；一方面延續、傳承其不同時代的意義，供國人及來過這裡受訓、駐守的國軍及其子孫能再來這裡緬懷國防的歷史軌跡。當然，藉由國防遺產的保存再利用來協助地方的產業再造與轉型契機，不啻是現代國防——保家衛土——新的重責大任。

7．特優村里長是樁腳還是社造達人？

正當又到一年一度各縣市頒獎表揚各鄉鎮市提報特優村里長之際，特優的意義為何？村里長的現代功能及扮演的角色為何？頗值探討。

村里長是最基層的民選自治「首長」，無任期限制。村里長可開立相關文書證明二十多種，但村里辦公處並非法人組織，所以這個「首長」又不能獨立對外行文作業，只能隸屬在鄉鎮市區公所下，成為行政分支單位層呈轉付。村里長的功能簡要有三，基層工程、福利生產，及精神倫理等建設。民國六〇年代鑑於後兩項功效不彰，遂引入社區發展概念，鼓勵成立社區發展協會，期彌補後兩項功能的發揮。確實，如果協會願意的話，現階段以社區發展協會之名就能提案申請至少二十多種相關社區軟硬體建設的補助經費。但協會發展的效果如何，相信大家都生活在社區裡，有沒有發展看的最清楚。因此，九〇年代再發起社區總體營造理念，鼓吹社區主義，除重視前三項功能之外，特強調文化、產業的建設，冀望總體提升社區美學、文化產值，與生活品質。

但截至目前為止，全台三百六十八鄉鎮市區，八千七百六十村里之中，已實施社區總體營造的鄉鎮、村里恐怕仍舊屈指可數。為什麼有否實施社造這麼重要？簡單的說，因為要自我探索，知己知彼，才可望建設、營造具有自我特色的家園，讓生活與產業雙軌發展，並都具有文化性的加值。

為此，檢驗二十一世紀的台灣村里長是不是還受制於黑金派系的禁錮，致使不僅未能發揮新時代賦予的社造功能，和角色進展，反而自甘墮落於樁腳鷹犬自居，停滯於陳腐的買票文化不能自拔。凡此，正當村里長受獎表揚特優之際，全體社區人不得不去思考特優的時代意義，是需要樁腳？還是社造達人？

8．營造包含溝圳河川的水岸城市

正當生態工法及守護河川等進步觀念漸入人心之際，地方的溝渠水圳、堤防等施作，不僅未見與時俱進，反倒「倒行逆施」，令人沮喪。

既以地方新建的道路側溝為例，也都採U型封蓋構造，且未有「沉井」（污泥、垃圾沉澱處）設計，平日居民若欲清理疏濬，簡直就是雪上加霜，尤其沒有定期放水沖刷的措施，久而久之，整條水溝幾已成為淤泥垃圾的溫床，孳生蚊蠅惡臭的景況，可謂破壞城鄉風水殆盡，嚴重影響城鄉生活健康。

此外，農村的排水溝圳，以及翻修的嘉南大圳濁幹線，亦均採U型構造施工，此不僅阻斷生物鏈的生機，亦是生態的浩劫。尤其嘉南大圳的U型直壁往往深達兩人多高，圳岸毫無防護措施，潛藏危機，民眾只能自求多福。

事實上，溝圳是人類賴以生存的灌溉、排水的好伙伴。但如今不只是成為動植物的生態浩劫，更是人類潛伏的殺手。主因長期以來主事單位都把溝渠大圳看成人類居住城鄉環境的邊界，終至變成堆置垃圾、廢棄物，雜草叢生等三不管的髒亂地帶。

因此，未來若能轉變觀念把河川溝圳看成生活環境的重要一環，改採生態工法的理念，營造水岸城鄉風光的作為，相信像嘉南大圳也能變成新時代的梅川柳圳，或像首爾的清溪。

9．路見不平，氣死「台灣」

報載全台近九成道路坑人，行政院公共工程委員會將定期公佈各機關工程查核排行，以提醒改進。此舉若能落實，不無是遲來的正義，但總比沒有正義的好。

相信台灣的民眾對各項公共工程的品質已經忍氣吞聲很久了，每次反應總是以預算有限，或能做就不錯了，以及不做預算就會被收回去，或做總比沒做好，下次就沒機會做了，等等搪塞民眾，唬過民眾。以致於道路柏油鋪了又鋪，補了又補，甚至也沒經刨除整平，結果道路高度比兩旁房舍店家還高不說，路面凹陷不平積水，行經車輛濺起的水花讓店家、行人苦不堪言；尤其離譜的是，側溝沒做沒淹水，新做了之後就積水了，因為末端結點被剩餘的混泥土，以及溝蓋內掉落的模板給堵住了，甚至交點斷面變小了，水流到這裡形同回流倒灌，結果一下雨就積水，沒雨時便又髒又臭。試想這樣經常飄散著惡臭味的居住環境，還談什麼居家風水。而整個城市，還談什麼社區美學。

因此，期待工程會應嚴查偷工減料、施工品質，並落實公布考核評比。此外，管溝道路施工中的安全防護措施，以及要求施工人員的安全服裝亦非常重要，免得肇致公共危險、職災，及有礙觀瞻。

另外，事實上，行政院宜進一步考慮制定各項查核。舉如從台南、嘉義等縣實施的鄉鎮市環境清潔衛生比賽，到前此中央推廣的一鄉鎮一特色、一特產；一圖書館；一游泳池；一文物館；一示範托兒所，及至一公車等在地性、地方化的深耕營造績效，或以合作社、公共造產、節慶化活動等型態的經營成果等均可供評鑑；連帶各鄉鎮市村里的社區活動中心使用情況也可以做為評比。

如此定期公布綜合查核，不僅可以路平保平安，提高生活品質，更能激發地方主義、落實在地福利，讓地方負責起來；更能從全國三百六十八鄉鎮市區，以及八千多村里中一起做比較，並從中訂定補助地方建設的財劃法的獎勵措施。

10・鄉鎮進步的定義？

現代化，歷史決定論

二〇〇七跨越二〇〇八年的這一陣子有三件事都不准叫我作壁上觀，第一件事是莊國榮事件所引發抵制政大公行系所的效應，我本應為母所仗義執言一番。但還是按下性子，因為我有信心社會會以公民的態度讓事件雲淡風清。縱使莊老師的言辭上有點偏激，但也「罪」不致被亂貼「新三寶」或「上杜下謝又一莊」的標籤的地步；而母所也「過」不致砸了招牌招不到學生；更何況公行系所也可以藉機跳脫乖乖牌或藍調或官僚訓練班的社會印象，未嘗不是好事一樁。

第二件事是總統大選大家都在談經濟，還有人說的玄，說「這些年，您和您的孩子辛苦啦！」這什麼話，那些年不辛苦能有飯吃呀？這可把我給惹毛了。尤其在我們鄉下談什麼經濟，「笨蛋，問題在黑金」，別再用台北的眼光看台灣。像虎尾西安百貨街、白鶴文化節拼社造、拼產業、都是在拼經濟、拼生活環境的品質，結果中國國民黨的鎮長專打回扣A了三百萬的造街工程款，被以貪瀆罪名求刑十二年，現畏罪潛逃中國；再說中央猛拼福利，結果中國國民黨的縣議員竟以價值不到一百元的中國貨電鍋謊報三百元，硬是吞下重陽節的么壽錢將近二千萬，被以貪污罪名求刑十二年。「賊卡惡人」，他們偷走了我們的經濟、福利，還好意思喊窮，說經濟不好，福利不好，這不是「打人喊救人」。台灣現在幾乎是百分之七十的基層仍被中國國民黨執政著，缺乏規劃努力，城鄉差距可想而知。

像虎尾高鐵特定區已萬事具備，只欠設站的東風。但前地方公所對新市鎮即將引爆的磁吸效應的新挑戰、新衝擊卻仍視若罔聞，竟未啟動舊市區的都市更新或造街計畫因應，置舊市區於自生自滅。如此不努力，又「不會駛船嫌溪窄」，然後推說經濟不好，豈不令鄉親路見不平，氣死閒人。

其實，二〇〇六年中央的財政收支已趨平衡，又貿易出超兩百億元，外匯存底增加至兩千六百億元，顯見台灣仍是富有的國家。但國家花了七年才補好破網平衡預算，而雲林縣恐怕就沒這麼幸運了。前中國國民黨的縣長已超借一百八十八億元，不知什麼時候雲林才補得回來，又借去的錢已花光光，工程、人情也已被做光光，不知新縣長怎麼翻身，保本連任。

黑道戒嚴有損尊嚴，可是鄉下人不願意面對的真相。因為這些破洞再大也沒有黑金派系做給別人的工程、人情大。鄉下住久了，再也不好翻臉。但看在大家眼裡，經濟的責任對也推，不對也推，大家不把真相說清楚，我們啟動西安百貨造街救虎尾拼經濟的人可冤了。

這些在地方明的看似搞建設，實際上卻是敗經濟的壞份子誰在撐腰？其實就是我們這群人放縱之下的產物，才任由他們經由歪哥、買票、黑道三部曲地坐大予取予求。而且依我的觀察，台灣的政治正走到三大黨的局面，一是民進黨，一是中國國民黨，另一則是金光黨，金光黨是黑金派系的化身，吃父倚父，吃母倚母，專騙中國國民黨，隱身、寄生在國民黨裡面，因為中國國民黨為撇清外來政權的事實，特意拉攏黑金充當本土，及利用其在地方盤根錯節的黑金勢力鞏固政權，這次立委選舉「一黨加一派獨大」的結果更讓我們領教、看清事實真相。

因此，這種以「黑道戒嚴」取代「威權戒嚴」的翻新統治手法，甚至明知是「養老鼠咬布袋」的處境，台灣終究會被吸光、掏空的必死無疑地步，也不放過給台灣一條正義、永續的道路。

11．社區蚊子中心

報載花東地區為改善地方文物館變成「蚊子館」（蓋後沒人管）的荒廢現象，計畫組織運作「大館帶小館」的構想，讓館舍活化起來。地方有心帶動，願意嘗試，值得鼓勵。

不過，實際上全台問題最大、數量最多的另一種形同閒置空間的「蚊子館」，可是各村里社區的活動中心，各地的活動中心當初地方人士出錢出地，好不容易興建起來，但有了硬體設施，卻少了軟體建設，曾幾何時，社區活動中心除了選舉投票或里民大會之外，一年用不到三兩次，有的平日大門深鎖；有的卻成民眾聚賭的「賭博特區」；有的中心四周圍環境更是乏人打理，形同廢墟。意外成為社區多一處的髒亂點、問題點。

社區活動中心，顧名思義，就是提供給社區民眾經常性、服務性和交誼性的活動、聯誼，及集會功能的公共場所，更是村里辦公處洽公、服務的所在地。為此，針對這種現象，部分社區發動社區志工，將活動中心裝扮成社區NPO會館、小型圖書館、閱覽室、K書中心、小型文物館等，吸引大小朋友充分利用活動中心；乃至開辦社區學苑，提供終身學習課程，以及各項研習營隊活動。充分發揮活動中心的在地化功效。

尤其，部分社區已發展為數位學習中心、社區關懷據點、社區健康營造中心、小學堂安親課輔中心、社區史蹟中心，以及社區營造中心等建置多元功能的社區活動中心態樣，提供各年齡層的福利服務需求，讓社區因為社區活動中心的有效經營管理而真正「活動」了起來。

因此，當我們檢討、詬病「蚊子館」的同時，更別忘了檢討、改進離我們最近、影響我們日常生活最深遠的社區活動中心，是不是已成了「社區蚊子中心」？並要求村里長或社區發展協會理事長善盡職責，負起推動、營運的責任。千萬別讓社區居民的福利權益荒廢了。

12・全球化下的虎尾凝視

「在全球化下凝視雲林，又從雲林來看虎尾」，看虎尾是一個很有趣的問題，而我們所居住的地方長得像甚麼？要如何去畫出來？通常我們都很少去注意周遭的環境，更不用說環境的地形。

日本人佔據台灣後，積極的發展產業，提供日本人侵略時所需的物資。一九〇六年大日本製糖株式會社興建五間厝工廠，一九〇七年建糖廠鐵橋，一九二〇年將五間厝改地名為虎尾，一九三〇年建合同廳舍，一九三一年建郡役所，虎尾正是在這種情況下很快的聚集眾多人口，從事商業行為，漸漸才有現今的模樣。這些過去的歷史表面上似乎已經很遙遠，其實這些虎尾最珍貴的文化資產一直都在我們身邊。

我們所居住的虎尾市區中存著潛在的「文化」資源，應該用心仔細的看清楚，自從日本人在五間厝建製糖工廠後又於近郊設立空軍基地，虎尾快速的躍昇為地區性的生活圈中心，也就是人口聚集的商圈。看過去、回憶歷史，我們所居住的地方已經有豐富的文化歷史，然而我們是否在乎？是否珍惜？

在現今資訊發達的時代，一切的距離都不是距離，我們不能只守舊守成。在資訊發達的時代，人們不應該還停留在本位的舊思維，舊思維就是不求進步，得過且過。要如何利用所在地的特色，將特色演化作為商機，就是當前最需探討的課題。

以社區營造為例，〇七年虎尾只有四個社區申辦過社造點，佔虎尾二十九個里的百分之十三點八，而社造已經推行十年了，這十年中，虎尾只有少數幾個里在「經營」社區營造。現在，則已有十六個社區推動社造，已過半數地佔有百分之五十五之多。以上數據其實也不算甚麼，只是社區營造有人已經走了十年。話說回來，你的社區呢？別人在往前走，走一步你沒跟上，就是差一步，走兩步又沒跟上，那就是差兩步，……。別人一直在進步，我們還能無所謂的原地踏步嗎？

站在全球化的角度，我們更不該對自己的社區漠不關心。該認真思考的時候了，積極的關心社區，投入社區營造，社區不只要會畫，還要將豐富的色彩添加上去。明天會更好，社區會更祥和。

虎尾有保存完好還可運作的糖廠，每年於甘蔗產期，糖廠還運作三個月的製糖。糖廠還有廣大的腹地，也可以充分的開發利用，開發時可以利用既有的糖業文化角度來考慮。有郡役所、合同廳舍和郡守官邸，目前已經有有心人士極力爭取保存，很幸運的也保存下來了，只是規劃運用還嫌粗糙。

跨越北港溪的糖廠鐵橋，其建築也是獨具特色，一道跨溪鐵橋分成三段不同的建築形式，據考證原來早期鐵橋不是新材料建築，而是將他處拆下來的鐵橋，拿到虎尾糖廠來重新組裝。依當時的環境，台灣是其殖民地，在壓榨與殖民奴化的政策下，鐵橋有三段不同形式，那就不足為奇了。這些都是加以規劃會衍生商機的歷史建物，我們在地人可不覺得是寶貝，但是以世界觀的角度來看事物，那就別具意義，因為虎尾在世界歷史中，曾經發生過一系列的變革，在變革中留下現今的虎尾，而現今的虎尾有著無限的商機，就看我們如何來創造。在世界上有很多發展成功的事例，當政者如能用心規劃，歷史事物的商機是無限的。

13．雲林真的第一？

前此報載分析雲林將在二〇〇八年總統大選中再次扮演關鍵性角色，令人憂喜參半，喜的是雲林第一；憂的是勝敗關鍵卻只在一人。可見雲林「黑道故鄉」的污名還是濃的化不開。

雲林若能扮演大選勝敗關鍵，照理講應是縣民的驕傲，更應是其執政時某種顯赫政績的投射，但事實不然。綜觀雲林的發展落後，主因自我認知不足；自我定位不清。簡單的說就是，什麼東西都要，但什麼東西都沒要到，導致「無魚蝦也好」，「你丟我撿」的窘境，從四百年前的登台第一站（最有特色），被經營淪落到今天成為台灣的最後一站（最沒特色）；從原本是開台的中心，到今天變成台灣的邊陲。

而且邊陲型的「壞東西與壞朋友分享」的大煉鋼廠、八輕、焚化爐，乃至核

四、核五等群聚效應正在虎視眈眈準備繼六輕之後接續建置，成為雲林人無可挽回的厄運宿命。

這宿命厄運早已包括癌症死亡率全國排名第一，幸福、快樂指數最低，所得最差、人口外流最多（連帶立委席次本應六席減半變三席，現卻只剩兩席）、人均綠地最少。不過，這種敗壞門風的成績，竟也能成為呼風喚雨，左右大選勝負的關鍵。這天大的諷刺。當然也愈見證「黑道綁架」、「黑道戒嚴」的詭異氛圍。

實際上，雲林也正因為如此，長期未被外界「正常化」對待；而前此的執政者「對內像王朝，對外像馬漢」地軟弱無能，任人宰制。像六輕一年上繳千億的稅收，雲林分不到四億，而六輕卻可以污染頻傳、用水超量、回饋不足、醫院緩蓋；台大設分校可以拿了八億聘金拍拍屁股走人；高鐵虎尾站四百二十甲基礎設施已完工，卻等不到高鐵入站，形同另一場「台西海園」的廢置浪費。如此，債留子孫，慷縣民之慨，犧牲縣民的幸福，把縣政變成只圖少數人及樁腳追求私人利益的禁臠。豈有公理。

但每逢大選，邊陲的雲林卻又馬上變成操縱選票勝負的關鍵。奇怪，雲林真的第一？

14．雲林的靠山，倒了！？

自由時報二〇〇八年十一月十九日（星期三）刊登A13版自由廣場　聲援蘇治芬

報載雲檢對蘇案放話，一審要把「對方打到趴」，並上綱要清理「雲林縣惡劣的投資環境」等語，令人惶惑。其實，雲林縣的生活環境已經惡劣很久了；又怎麼是以蘇案為標竿？

雲林縣長期是所得最低，罹癌率最高，地層下陷最嚴重，人口外流最多的縣份。這個苦命的宿命若要檢討起來，除了政治長期不清明外，司法縱容賄選買票亦難辭其咎。尤其對犯罪的審判，更是怠惰，像民國八十三年的議長賄選案卻能辦到九十四年，那時，一干人犯已人去樓空；另轟動台灣地方自治史的西安百貨街工程十八人集體索賄案，從民國八十九年辦到現在仍未定讞。如此司法已死的結果，百姓所賴於生存的最後一道正義防線，如何對抗瀰漫黑道戒嚴式的代議政治。

事實上，雲林「黑」名遠播的黑金政治，已不是一天兩天的事，檢調單位竟然到現在才良心發現要清理「雲林縣惡劣的投資環境」。再說，雲林縣因投資生產而破壞的生活環境，已經病入膏肓，雲檢是不是也該為百姓清理一下是誰在暗地裡拿好處護航。

雲林縣的苦命癥結在哪裡，相信大家都一清二楚，也都（只能）在期待司法是唯一；也是最後的一個靠山，如今靠山傾頹，雲林人的悲哀莫此為甚。

15．節慶活動不是萬靈丹

「媒人婆也沒有包生」

報載一項由國科會補助調查「國人遊憩區選擇行為」研究指出，「慶典活動可在短期內炒熱人氣，卻無法成為長期吸引遊客的因素。」研究中並煞有介事的研判，「類似台東縣南島文化節或宜蘭縣童玩節，這種只顧炒作短期效益，把衝遊客數量當做政績宣導的都不利於遊樂區長遠的經營」，更是值得商榷。其實，節慶活動本來就是一種流量經濟的手法，但欲使它永續經營，帶動地方發展，長期吸引遊客，靠的還是要靠「大家一起來」的社造精神，與當地政府有否總體營造概念，以及品質施作的決心。

像宜蘭假如沒有優質的冬山河親水公園等施設，也就沒有舉辦童玩節的場景和可能性；而有了童玩節，再沒有建置其他新鮮像樣且具有在地化的特色景點搭配，推陳出新，縱使童玩節內容花樣翻新，也難保遊客願意再來；又假如宜蘭人自己不會人人捧場或贊助活動經費，甚至不會充當介紹導覽解說的先鋒，提高遊客的遊性和附加價值，而各項業者服務不親切，價格不公道，品質不保證，則莫怪「媒人婆也沒有包生」的道理。反之，它就是一個螺旋向上的良性循環。因此，節慶活動只是一個楔子，一個開端，若要把願意嘗試起辦活動的人，都扣上不利地方長遠發展的帽子，或把慶典活動效益說成短多長空，那豈不是更助長、正中「多做多錯，不做不錯的鄉愿歪風，和官僚」的下懷。那台灣還有希望？

台灣還算幸運，短短這幾年隨著社造的風氣，各地政府願意嘗試發覺舉辦各具特色的節慶活動至少已有五十幾種，他們試圖透過這些實驗性的活動載體，轉化出實體的建設、產業，和軟體的公民、行動。但這些作為的成效，當然不是一蹴可及，而是需要經過市場機制「適者生存」的淬煉，同時昇華出一種類似文藝復興運動的圖像、符號，儲備做為地方性的設計元素和創意風格。因此，台灣欲從社造邁向生活美學；欲從經濟產業，再到文化創意產業的道路還很遙遠漫長，所以台灣必須耐著性子，不能揠苗助長。也就是說，台灣虛耗了好幾十年，現在台灣才正在學走路——辦辦一些活動，提煉、萃取一些社區、在地的元素，為未來的路做準備。因此，我們實在無須急著潑冷水或唱衰「辦那些有的沒有的」，而叫她改用飛的，放棄任何先用爬的探索？！

據悉，荷蘭政府準備砸下數億經費營造阿姆斯特丹的紅燈區轉型成為高產值的高級時尚展售區，對此，荷蘭政府也不敢向進駐的廠商保證成功，但她們也只能盡其在我，「師傅引進門，修行在個人」地嘗試舉辦「時尚櫥窗秀」的節慶活動，吸引人潮，打響名號，不是嗎？節慶不是萬靈丹，唯有社造才可望獲得救贖。而沒了節慶，既連救贖、翻本、再造的機會可都沒有。

16．人文資產如何落實台灣經濟實力？

試擬公民提問總統候選人

年節期間，雲門及南韓的祝融之災燒掉了一群人的共同記憶；也燒掉了一個地方可貴的財富，令人婉惜不已。惟台灣每年消失的歷史景物卻不僅於此，深為可惜。請問總統候選人，您注意到人文資產了嗎？及如何落實人文資產的經濟實力？

今年年節期間，我們一家人又照往例有如「回娘家」般地，循著和父親工作過、住過的派出所、宿舍一一造訪，看建物、看樹木，聽著父親、母親重溫我們兄弟姊妹的兒時回憶，甚至迸談出我們不知道、或遺落的生活點滴，而我們兄弟姐妹也會互相調侃兒時的糗事，互相揶揄一番，這時的笑聲，可是我最快樂的時光。但隨著父母親的年邁身軀，彷彿每處的建物、樹木這些老朋友也愈來愈少，改建、砍除已讓這些襯托故事的場景愈來愈失去說服力，內人、嫂子、姊夫，甚至孫姪輩的在她們聽起來已有點「不知所云」，回味似乎只能勉強留在血緣的說教，歷史真的只能變成傳說，跨不出這空間所留下空蕩蕩的遺憾。

但今年內人提議進去坐坐，和當地的值班警員聊天，言談中多少彌補我們對這失落的空間的依念，相對的我們也填補了警員在這個空間失落的部份，相信更成為他傳承這個警察家庭的信念，和他應該珍惜在這裡的每一時刻。

但可惜台灣以往只顧追求經濟起飛，創造經濟奇蹟，卻忽略了這些人文資產的可貴，以及還有很多像庄頭、糖廠、眷村子弟等默默憑弔著景物追憶著往事的人。而我們也長期被教育只顧切割歷史力求翻新，卻忽略了創意的背後必要有其歷史文化的厚度。但直到現在我們才終於從生活的回顧體驗到人生的樂趣，但我們所剩的卻已不多。

因此，我們希望看到投射在歷史建物和樹木之類的社群的共同記憶和情感，能得到相對的尊重與關懷，並透過行政文化化的作為，和全民紀錄、保存、再造的方法和運動，讓更多共同的生活記憶更蘊含情感地、鮮活地變成你我之間可以超越族群、血緣、意識的橋樑、燈塔，見證美好的人生。這些才是我們最為可貴且最可以和別人分享的財富；也是遊子過年返鄉一解鄉愁之所在，否則燒了記憶去八里、首爾不都一樣。請問準總統先生，您注意到了嗎？及如何把它變成台灣的經濟實力。

17．台灣應積極走入社區的第三條路

檢驗自五二〇新政府上任以來，從內閣人事、油價、擴大內需、考監委人事案等均已鬧的沸沸揚揚，不知欲把台灣帶向何方？

選前，中國國民黨批評民進黨讓台灣停滯八年，若果屬實，那麼很不幸的，馬英九新政府這一出手就已將台灣倒退了八年。台灣經過兩次政黨輪替的洗鍊，終須由各自的激情回到基本面來。歷史似乎也證明誰太偏執，誰就出局。因此，未來台灣必須走出自己的第三條路，回歸到台灣的基本面。

這個基本面乍看之下會以為是經濟問題，其實是比經濟層次更高的社區問題。英國季登斯的第三條路指的是資本主義與社會主義之間的第三條路；美國柯林頓面對的問題是拋開種族歧視的和平主義。管見以為台灣的問題在社區。

台灣六〇年代受制於威權統治及中國化餘緒影響，社區發展形同樣板；九〇年

代社區營造稍有起色，卻礙於黑金派系斲喪公民社會的支撐後繼無力，且大部分基層從村里長、鄉鎮市長、代表、議員，乃至立委、縣市長等均未予重視。上行下效的結果，大家棄社區資源如敝蓆，並少有意願花費心力深入社區，從事照顧具有自我、自主意識的社區福利建設、倫理建設、文化建設，和生產建設等。相反地，卻僅汲營於看的見的如水溝、路燈、鋪柏油等零碎式的基礎建設，長此以往著已深深打擊後續的社區美學、生活品質根基，與營造特色產業、景點，以及文化創意產業的生機。

因此臺灣人均所得雖已達一萬八千元美金，但城鄉差距嚴重，及實際享受不到實質國民所得的生活品質水準，建設不出富有社區特色的家園。無怪乎，日本人、德國人對台灣變成狗屎、豬舍的評鑑會接踵而來。

前事不忘，後事之師。中國國民黨八年前縱使把經濟搞好了，還不是要交出政權。但看新政府現在急著把政策問題定位成拼經濟，準備重蹈覆轍盲目追求經濟的成長，進而大量回鍋舊時具有財經背景的官僚。此舉簡直是，在公共政策上犯了錯把錯誤的問題做好的第三類型錯誤。而更嚴重的是，新時代再用舊思維根本就做好不起來。

因此，台灣此刻反而看不到願景，只能再深埋社區潛力，繼續坐吃山空。

18．政府對社區是助力還是阻力？

A、理論上看：

「政府對社區是助力還是阻力？」是一個弔詭難解的議題。他牽涉到公民、臣民或村民的態度取向，和對於政府輸出的瞭解與看法。

關於這一點，《公民文化》（Civic Culture）一書作者阿爾蒙德（GabrielA. Almond）四十年前曾就社區受「中央政府和地方政府的影響，與其影響是有利還是不利」的問題，跨國比較美、英、德、義、墨五國社區的「公民文化」，探討「公民文化」是不是民主政治制度所需要的一種生活態度？

調查研究概略顯示，在美國、英國和西德，有一大部分人在政府的輸出意義上是扮演「忠誠者」的角色；也就是說他們意識到並且積極地評價政府的輸出。在義大利，特別是在墨西哥，疏離的臣民和村民的比例很高，大約三分之二的墨西哥人和略少於一半的義大利人不覺得政府有什麼重要性，或者是他們根本不知道政府重不重要。

為何會這樣呢？阿爾蒙德認為，因為公民文化的態度和行為是以一種複雜而微妙的方式結合起來的；在某種程度上，他是一種以對立因素的不一致和平衡為特徵的文化。公民文化的重要成分之一，是一組跟信任他人有關的態度——這是一種鬆散的、部分不一致的模式，這種模式很難以加以明確地教育。既然如此，公民文化如何才能代代相傳下去呢？

這種源自政府—臣民、社區—村民、社造—參與等需要長期融合而成的「公民文化」。在三者之中所依附、培養和期待的民眾特性各有不同，各取所需。其中，政府需要臣民的支持，但社區裡多的只是各掃門前雪的村民，而社造卻擔待著「夾心麵包」的工作角色，可說是「爹不疼、娘不愛」。

因此，政府對社區是助力還是阻力呢？

最後，讓我們再回到公民文化如何代代相傳的討論，阿爾蒙德認為這個問題，主要是適用於那些已經存在公民文化的國家。但卻不是新興國家的問題。如果要在這些新興國家創造公民文化，它必須是新創造出來的。而如何才能做到這一點？我認為，答案恐怕會是，社造——參與——公民，其連結的關係模式如下：

——政府——臣民∧——

社造〉——參與——〉公民〈

——〉社區——村民——

當中，社區村民和國家臣民都是情感的、規範的，而非認知的，但村民取向意味著不希望政府給自己帶來什麼改變，當然村民也意識到政府的存在，不過是從與自己家庭利益有關的角度來看待它；而臣民取向是遵守法律、忠誠於國家，認為他的角色就是他與國家之間的全部。

因此，透過社造參與的連結，混合村民與臣民成為「理性—積極性」的公民文化模式，才能蘊育國家與社區之間的夥伴關係。

B、實際上是：

《是誰偷走了西安百貨街：一個社造的偵探故事》

一九九八年 西安里長擘劃推動社造型中正路西安百貨公司商店街

二〇〇〇年 里長組織商店街推動促進會，並爭取四千四百三十萬元工程經費
二〇〇一年 工程發包中，爆發全台最大的集體貪瀆索取回扣弊案
二〇〇八 鎮長被求刑十二年，代表會主席被求刑十年，兩位代表被求刑六年，餘
十四名分被求刑五年、四年等

百姓在問，是誰偷走了西安百貨街？是誰偷走了大家努力的成果？是政府，是一個人民自己選出來的政府。

19．台灣的第三條路：社區主義與社區營造

季登斯在英國所指的第三條路是在資本主義與社會主義之間找到新的出路；而美國柯林頓的第三條路說的是，和平主義與消除種族歧視。那麼台灣呢？

記得二〇〇〇年總統大選前陳水扁一趟英國季登斯的請益之旅，回到台灣他說要走不同於統獨之間的中間路線。二〇〇八年總統大選，馬英九學柯林頓強調，「笨蛋，問題在經濟。」但馬英九上台，物價馬上上漲百分之二十，股市馬上狂跌一千五百多點，股民財產馬上蒸發掉百分之二十。難怪，馬總統的民調馬上掉了兩成降到只有百分之四十多。其實，台灣不是美國，也不是英國，台灣的問題還只是

在社區。

因為，英美國家較早具備公民文化，社區主義穩固，而台灣長期遭受中國化的意識形態侵腐，以及威權政治的戒嚴心態，加上地方政治黑金派系猖狂，人民仍處於村民、臣民的角色而無法自拔，因此台灣要走英美式的第三條路恐怕還早。

即如陸客來台，預期台灣經濟馬上會好，也是一種假象。因為台灣若沒有從社區建構、營造，支撐起來的觀光資源，是很難可長可久，甚至吸引觀光客的在地特色。所以，打造台灣新時代的經濟，唯有回過頭來從社區扎根做起。也就是說，台灣經濟離開了社區的培育，經濟力就會找不到使力的根源、動力，和元素，更奢談文化創意產業，以及晉入第四級產業的優勢競爭力。

台灣社區蘊含多元的豐富資源，政黨若能耐心透過社區主義的精神，運用社區營造的方法，打造好社區根基，把它變成公民生活的智慧特色，這些可望才是台灣走向國際社會的第三條路，也才能落實台灣的生存之道。

第二章：改變中華民國「獨佔」台灣

中華民國可以佔據台灣，但不能獨佔台灣；中華民國若是台灣，中華民國則須中立於台灣的各政黨；台灣若是中華民國，台灣則須獨立於各政黨的政治符號；中華民國若是中國，中華民國則須取代中華人民共和國；中國若是中華民國，中國則須實施中華民國憲法。但這些都不可能，也不會是事實。所以，台灣唯一的生路就是做自己，作自己的主人，就像社造一樣，學作自己的主人。

不過，中華民國可以佔據台灣嗎？中華民國是一個自由民主的國家嗎？歷史諷刺歷史。中國共產黨早在一九四九年就曾對中國國民黨下過最後通牒，要中國國民黨廢掉其以一黨之私所訂的憲法，廢止其以一黨之私所訂的法統，共同為中國的和平而奮鬥。

結果這一部不公不義不知悔改的憲法，不久既被趕出中國逃到台灣。現在，則強佔台灣並架起民主自由的假象，卻仍然實施以一黨之私的黨旗為國旗；以一黨之私的黨歌為國歌；以一黨之私的黨綱為憲法等，完全獨佔台灣政治，壟斷台灣體制。

歷史諷刺歷史。半世紀前，獨裁專制的中國共產黨尚能厚顏的以民主自由之姿憾動威權腐敗的中國國民黨；今天，台灣這麼多的政黨竟能無視於中國國民黨一黨獨佔台灣，一黨獨佔中華民國的不公不義事實，仍任其在台灣跋扈蔓延；此外，台灣多個號稱公民團體的組織竟能不知自己都只是次公民，甚至只是順民或愚民的只在被強佔的屋簷下苟且偷生而已。

其實，台灣目前根本沒有統獨的問題，也可以說根本未到統獨攤牌的時機；也根本未到台灣是否獨立的時刻。實際上，台灣目前只有台灣被獨佔的問題，只有中國國民黨應獨立於中華民國之外的問題；只有中華民國應中立於各個政黨的問題。

1．從祭祖談清明節的平反與正名

四月五日清明節。但台灣人可不可以不要和蔣介石的忌日（四月五日）一起掃墓，一起普天同「悲」。同時也為台灣的祖先平反。

自民國六十四年四月五日蔣中正逝世，國民政府就訂定這一天為民族掃墓節並放假紀念，這也就成為現在所說的「新清明」，以和「舊清明」農曆三月三日作為區分。其實，在台灣像這樣以紀念綁掃墓，假公濟私、佔盡台灣人便宜的事情不知凡幾，且自民國六十四年更改迄今台灣人已經被霸凌了四十年之久。

惟新清明有放假，遂逐漸取代了舊清明的掃墓習俗，甚至很多人根本忘掉了原來掃墓的傳統節日，不獨在世的人感到錯亂，恐怕先祖們也含冤莫白，並誤會在世子孫不孝，每年都未掃墓祭祖。無獨有偶地，報載政大學生在校園裡ＫＵＳＯ蔣中正的喪禮，呼籲恢復四月五日蔣公逝世紀念日的放假規定。這一行動劇引人側目，但仍不清楚學生的訴求為何。像政大這群學生的年齡恐怕連知道都不知道台灣的掃墓習俗、節氣早已被「改正」了。

大家可能不知道或已經被洗腦而忘了，既連台灣人掃墓祭祖的日子也被篡改成蔣介石的忌日。中國國民黨可能還在暗地裡竊笑，台灣人每年都要按時向他祭拜，向他們的黨總裁祭祖。而身為黨政學校出身的政大，難道也要為台灣的不民主、不公平、不正義再背黑鍋。

台灣人絕對有權力把清明節的日期改回來，並符合傳統節氣。所以，大家除了應強烈要求永遠撤除蔣公逝世紀念日，把清明節改以農曆三月三日並放假祭祖追思之外，同時應向中國國民黨索償多年來被其詐騙的損失，以及追咎欺瞞、藐視、唬弄台灣人民及其祖先的罪責，以告慰台灣祖先在天之靈。

2．改變！問題在「獨台」，不在台獨

報載民進黨成立中國事務部，因成員同質性太高，被中國國民黨譏諷成台獨事務部。而民進黨內部也傳出台獨已沒有市場的評估異音，難不成這中國事務部就是一中的事務部，才是民進黨的未來？

其實，台灣的問題不在中國，不在台獨，而是「獨台」。中國國民黨自二〇〇四年起，連戰、宋楚瑜相繼的破冰之旅，早已把台灣更深化地獨佔了，不僅獨佔九二共識的發言權、詮釋權，更獨佔了所有政治上的符號權、專利權。

中國國民黨獨佔台灣政治市場的事實，幾乎已讓民進黨永遠無法重返執政。對於這種獨台的被邊緣化，民進黨若不盡早啟動一切拆解獨台的枷鎖，衝破藩籬，現在未來恐怕都只是台灣政黨政治的跳樑小丑，陪著中國國民黨背書民主自由的騙局而已。

因此，現階段民進黨應先拿回國家符號的發言權，認清台灣總統大選不是中國

問題，而是獨台的問題；更不能在國家符號尚未釐清之前，焦躁躁進地自作聰明學中國國民黨的認賊（共）作父。

中國國民黨之翻轉「反共抗俄」的立場，主要是為了「聯共制台」，在這個前提之上她們有一個中國的基因，可以搭建對話的平台，強化中華民國等衍生政治性符號的不可更動性，保衛其在台的利益和合理性。而民進黨的認賊（國）作父不只無法「聯國制共」，反而更加矮化自己的政治利益，加速民主自由的退步，只會被看笑話，會更令人民瞧不起。

然而，獨台的問題今天不處理，明天就會後悔。尤其，獨台的現象拖到現在已經形勢比人強，獨台的情勢已到既連民進黨的部份天王也認為無力可回天般地，甘冒拋棄堅持，奇想借殼上市地祭出投降主義，那些等於是將台灣拱手讓人獨佔的餿主意，已經傷害了台灣的主體性、政黨的公平性。

事實上，台灣根本沒有憲法，只有違憲的憲法，只有中國國民黨一黨獨佔的憲法。這樣的憲法台灣還能接受嗎？因此民進黨不能搞錯方向，民進黨的前途不在中國，也不在台獨。民進黨的前途是台灣人民寄託能有所作為的，不是去湊熱鬧賣台，去急於成立中國事務部向明知的一中框架投降；台灣人民寄望的尊嚴，是要有一部公平合理的憲法，在這部憲法裡面至少應讓各政黨能有公平的對待，而不是只有中國國民黨一黨獨佔，從而順遂其獨佔台灣一切的政治利益，連帶獨佔台灣各項的經濟利益，成為國家衰敗，人民受苦的惡性循環的根源。

因此，選民寄望於民進黨的功能，就是為顧人民權益打破中國國民黨的獨台，為求台灣向上發展打破政治經濟的獨佔，共同捍衛台灣可長可久的公平正義。

3．改變！問題在中國國民黨，不在中國

「請問中華民國的國旗可不可以在中國國民黨黨徽的旁邊，再加上一個民進黨或其他政黨的黨徽？」

全世界只有中華民國這麼不民主、不平等、不正義的國家，也只有中國國民黨這麼不要臉的政黨。這個國旗、國歌、國號，以及憲法的不公不義問題不解決，台灣就永遠沒有公義。沒有公義的台灣，就永遠沒有真正的總統，台灣內部就永遠沒有共識，沒有共識當然就跨不出國門，就談不出兩岸關係。

所以，中國國民黨現在急於談兩岸關係的做法，就好像不問你要不要，而是跳躍式地問你要幾個。讓台灣已然陷入兩岸的情境。其實「台灣共識」未解，兩岸關

係怎麼談，誰去談？這是非常簡單的道理，中國國民黨執意去談，就是叛國，就是賣台。

選後兩岸統一的戰鼓頻催，加上民進黨的論述進退失據，台灣前途確實堪憂。

選戰中，「台灣就是中華民國」的說法無異否棄台灣的自主性；並自絕於台灣人民對民主、公義的呼聲，嚴重性的程度幾乎是向中國國民黨投誠。爰此，中國國民黨在台灣的統一（連反對黨都自願承認；台灣就是中華民國，中華民國就是台灣）既已搞定，兩岸關係自可大步跨前。

果然選後在繼「九二共識」之後，馬上又進一步定調「一國兩區」，同時欲將劃定兩岸統一時間表，簽署「兩岸信任架構協議」（CBFA），把「分治而不分裂」和「現在進行式的一個中國」的框架法治化。若果至此，中國國民黨等於是化解、封鎖、消滅民進黨存在的理由，統一台灣。

只是，這次大選，民進黨不只輸掉一個總統，還輸掉一個台灣；而台灣不只輸掉一個民進黨，還輸掉一個總統；相對於中國國民黨則不只贏回一個中華民國，還賺得一個統一向前的台灣。為此，民進黨應重新思考自己存在的價值。

民進黨之於台灣，應該是為台灣人民建立一個正常化的國家，並為台灣人民找回公義社會的基礎，和奠定創造幸福人生的制度。所以，現階段不必、不想，也不用為一個虛假的一中問題浪費時間和中國作梗。其中，正常化的第一步就是對內明白要求在台灣的中華民國「中立化」、「去中國國民黨化」，落實公平正義的政黨政治、實現自由民主的社會。也就是說，將台灣民主化、公義化、共識化，才是台灣民主政治、政黨政治的開端，也是兩岸交往互信的開始。

其次，民進黨的對外政策必然是從台灣人民的本體性出發，從兩岸互不隸屬的法源，到國與國的正常化關係開始，展開新的、和好的、友善的兩岸交流，比如無妨改稱對岸叫中國大陸，並體制化地鼓勵黨員、從政同志與對岸交流、互訪。下一階段或許可以談到聯盟，如中盟、台盟、亞盟等方式的聯合，或跨域性的組織，如東協、亞協、太協、台協等模式的協定。

各黨愛台灣的策略或有不同，但前提必然是要先有一個完整的國家，然後才能在兩岸公平的自由意願下談到各種可能的合作方案。

選後，民進黨有人灰心喪志的說，國家主權重要也比不過生計重要，儼然自動向「九二共識」投降，向一個中國繳械。選戰中郭台銘、王雪紅等紅頂商人的站台助選更是滿清「大義覺迷錄」招降納叛的經典翻版。其以台治台，不管黑貓白貓只要認同「一中」的「九二共識」就是好貓的策略昭然若揭。

中國國民黨長期佔盡了台灣人民的便宜，還一直蠱惑台灣人民說，顧肚子拼生計無關國家主權；不管誰選上都是要做工等等出賣靈魂，拋棄主體性的投降主義，令台灣人民渾渾噩噩，尤不如霧社事件中賽德克族能認知「不自由毋寧死」的真諦。

但對照選後馬英九誓言油電物資大漲，及開放美國瘦肉精牛進口等，台灣人又怎麼顧肚子拼生計。中國國民黨在台灣的所作所為，可說是好話說盡壞事做絕。所以，值此關鍵時刻，台灣人民應從重建台灣的公義出發，並請問：

- 請問中華民國憲法裡可以把台獨黨綱和中國國民黨的三民主義並列嗎？請問國號可不可以在中國國民黨的中華民國裡頭加上台灣民國？
- 請問國歌可不可以在中國國民黨信仰的三民主義前面，加上一句民進黨的獨立建國，吾黨所宗？
- 請問國旗可不可以在中國國民黨的黨徽旁邊，加上一個民進黨的黨徽？
- 請問這些正常化、中立化的時間表何時訂定、完成？請問可不可以比「兩岸信任架構協議」（CBFA）優先，台灣優先？

- 請問何時修改還原一切在台灣被中國國民黨以一黨之私的意識型態霸凌的路名、地名，包括憲法？就像請問中正路上可以加一段文毅路（紀念台灣獨立先驅廖文毅），中山路旁可以加一條渭水路（紀念台灣民主先驅蔣渭水）嗎？
- 請問四月五日的清明節何時改回原清明節的日期，而台灣人可以不要和蔣介石的忌日一起掃墓嗎？
- 請問西安里可以改回五間厝的原名嗎？

請問以上這些被霸凌、被冤屈、被汙辱，以及不公平、不平衡、不舒服的委屈如何計算請求國賠？還是直接向中國國民黨索賠？

其實，民進黨拋棄台灣獨立，等於賽德克巴萊拋棄自己的祖靈，也就等於拋棄美麗的彩虹。民進黨面對現階段的困難不是放棄能夠回到祖靈的印記，而是應找尋解決現階段困難的論述或方法，否則等於投降主義，等於自外於台灣，如此一個缺乏本體性的政黨，予台灣何益，又與中國國民黨何異。

可是，在美其名為政黨政治的民主台灣，卻有一個比中國，比共產黨還一黨專政的國家體制，而號稱民主進步的政黨，竟然須向流亡的政權馴服，並完全「禮拜」流亡政權的黨徽當國旗禮敬；把一個流亡政黨的黨綱信條當國歌歌頌；把一個流亡政黨之私的國號當台灣的國號看待。此情此景，真是情何以堪。這對一個自稱要為台灣人民捍衛公義社會的政黨，要為台灣人民打倒外來政權的政黨，如何自圓其說？

更何況，兩岸關係只是國共炒作的議題，是中國國民黨回歸其祖國的議題，是中國國民黨與其祖國談判如何統一的前奏，是中國國民黨現階段在台灣求生存的一線生機，是中國國民黨挾中國共產黨犧牲台灣夾殺民進黨的最高戰略，是中國國民黨利用中國共產黨的民族主義圍堵台獨，扼殺台灣主權，再利用中國的經濟市場，誘騙台灣人民，轉移台灣人民的焦點，一切只向錢看；更運用美國的投機主義創造兩岸和平的假象，誘使民進黨走上兩岸關係的「一中」框架。相對的中國共產黨則利用中國國民黨綁架台灣與宗主中國之間統一的氛圍，迨完成統一大業，則中國國民黨的利用價值也將隨之消滅。

所以，台灣的處境艱困，民進黨的責任就愈加重大，也是台灣人民捍衛台灣主權的惟一依靠。但在捍衛台灣主權之前，民進黨要先能捍衛自己的黨權，民眾才會相信民進黨有能力捍衛台灣的主權；民進黨要先能捍衛台灣的主權，民眾才會相信民進黨有能力捍衛台海的國權。因此蔡主席應先搶救黨權，切勿被中國的假議題所惑，蔡主席加油，民進黨加油。

總之，不關藍綠，無關兩岸。中國國民黨不該閃躲，也不要轉移焦點。稍有民主政治常識的國人都該呼籲，中國國民黨有責任、有義務先主動解除國庫通黨庫的弊端之外，更應解除黨名通國名，黨旗通國旗，又黨歌通國歌等等不公不義現象，這才是台灣民主政治、政黨政治的開端，也才是兩岸交往互信的開始，更是號召中國質變的良方。

4・大法官應主動解釋憲法違憲

台灣目前最嚴重的問題是憲法，這部憲法是一部違憲的憲法，是一部被中國國民黨一黨獨佔的憲法，是一部黨國不分，違反政黨政治原則，不公不義的憲法。

「台灣鎮公所」日前就接獲鎮民陳情自述概謂：「他不向台灣國旗敬禮，不唱台灣國歌，不遵奉台灣三民主義，數年來他的三不政策，始終如一，但警察竟然視若無睹，公所也未依憲法給予糾正，法官更礙予判處。」

這就像戲院裡一下子規定要唱國歌，一下子又說不要，到底國人還要不要恪遵憲法，還要不要向國旗敬禮、高唱國歌、遵奉三民主義。

倘若不要，乾脆講明白說清楚，請大法官解釋一下，好讓大家該敬就敬，該唱就唱，該遵就遵，不要再作賊心虛，把台灣搞得國家不像國家，憲法不像憲法，自由不像自由，民主不像民主，公義不像公義，黨國不像黨國，國旗不像國旗，國歌不像國歌，主義不像主義，法官不像法官。導致中共陳雲林到台灣，台灣國內竟不准插國旗，而到了國外的國際場合又只能被迫改插梅花旗，改唱國旗歌，搞得台灣人人格分裂，搞得台灣尚未獨立，就先被獨佔。

因此，是不是就請大法官解釋一下，憲法到底是專屬於中國國民黨的對，還是應屬於全體台灣人的對。假如是前者對，那麼台灣就不要硬拗是民主自由的國家，也不要再說是享有政黨政治平等的國家，應該還原台灣是一個一黨專政的國家才對，不必自欺欺人；但假如大法官解釋說後者才是正確的話，那麼請限時要求中國國民黨退出憲法，否則馬上更改國旗、國歌、以及憲法裡頭被中國國民黨獨佔、霸佔的符號，讓憲法真正成為所有政黨的憲法，讓憲法真正成為台灣人民的憲法。

大法官，您解釋一下嘛。

大法官，大法官，敢問您是恪遵中華民國的中國國民黨憲法，還是恪遵台灣的中華民國憲法，還是恪遵中華人民共和國的憲法？還是中華人民共和國的中華民國憲法？還是中華民國的民進黨憲法？還是具有台灣主權獨立精神的憲法？

5．統獨，比美牛還毒的國旗

正當美牛問題，民進黨第一波守住立院，捍衛國人健康之際，國人可知道台灣有一個已經集體中毒，而且歷時很久，很不健康的問題，比美牛還嚴重幾千萬倍。

這種不健康的狀態，連中研院院長也無法倖免。前此就有報載中研院院長在立法院教育及文化委員會答詢說，「國人不解民主真諦，導致政府失效。」意思是說，政府失能是因為國人不瞭解民主的意義所導致。院長這樣嚴重錯誤的認知、解讀，事情恐怕比美牛還大條。

其實，政府失效的原因在於體制，在於憲法，更是在於政策方向的迷失，乃至於公共行政上的管理出了問題，後兩項因素因人而異，而前兩項的體制、憲法正是中華民國政府所把持的命根子，也是其「獨佔」統治台灣的結果。

所以，院長的話其實是剛好講反了，正是國人到現在還不瞭解民主的真締；也還未深刻瞭解自己遭受不民主的處境，所以政府才好愚民統治，否則中華民國早被清算革命了。

眾所周知，台灣到目前為止，猶被集體催眠似地須向中國國民黨的國旗、國歌，和憲法敬禮、效忠？為什麼？為什麼？這種比共匪還土匪的結構性霸凌集團尚能得逞？為什麼？正因為台灣人確實不瞭解民主的真諦。

可見院長中毒不淺，院長用錯誤的假設，引申出錯誤的結論。對台灣的政治現象扭曲很大，一葉知秋，台灣著實令人擔憂。

尤其擔憂的是，台灣最高學術殿堂對台灣的民主卻仍一知半解，且渠等長期身受「價值中立」的學術訓練，竟然看不出這個政府的偏差、失衡所在；猶無法體認台灣根本尚未民主的事實。既連這樣簡單的觀察都有問題，不免令人懷疑中研院整個研究結果的品質和程序的正義是否也都背離事實的依據，或昧於政治迷失的取向。

這正是台灣被馴化了之後的危機，既連受高等學術訓練的學者，也渾然不覺，都還要向一個外來的流亡政權、死亡政權，敬禮、效忠，還說台灣很民主、太民主、太自由。

台灣人已被麻木很久了。但外國人來到台灣卻像去到中國、北韓一樣，一眼就識破航站的國旗就是黨旗，國歌就是黨歌，憲章就是黨綱，國庫就是黨庫。這樣的台灣，這樣的中國國民黨的中華民國，和中國共產黨一黨專政的國家有什麼兩樣？更不幸的是中國、北韓都挑明著說一黨專政，而台灣呢？既連院長者流都還被蒙在鼓裡。

院長啊，你早該揭竿起義，反對中華民國「獨佔」台灣了。

6．別用中國國民黨的國旗在台灣到處灑鹽？

年前報載兩位學生披掛國旗騎單車環台，號稱另類愛國；無獨有偶，一位仁兄也正用機車載著孫中山和宋慶齡的雕像環台，自稱訴求和平。這看似「愛國」的舉動，其實是在台灣的歷史傷口上到處灑鹽。

瞭解台灣歷史的人，都知道台灣與中華民國的關係，是因為佔領與被佔領的關係，是反攻大陸的跳板與被殖民者的關係；是佔屋為王與可憐房東的關係；是乞丐趕廟公的關係。所以這兩位同學和這位先生無異到處在台灣的每一寸土地的傷口上灑鹽而不自知，更痛心的是被霸凌者反替霸凌者圓謊，並天真地賣弄自己無知的忠誠。

此外，稍懂民主政治的人也都知道，國旗裡只有一個中國國民黨的黨徽是台灣最被一黨專政的不幸，況且國歌只有一個中國國民黨的黨綱，憲法也竟然只有一個中國國民黨孫中山的信條，就不知道這兩位同學和這位先生是不是比中國共產黨還共產黨的傳人，還是和民進黨、台聯黨一樣還在睡覺，渾然不知已被侵犯的黨權，和自己的人權，以及台灣最無可救藥的公平正義。

尤其，更諷刺的是正當這些人在台灣各地耍可愛的時候，其實中國國民黨早就忤逆孫中山而兵敗台灣，接著又背叛蔣中正私通中國，而馬英九更早就在國人面前自毀國旗，不准國人披掛了。由此以觀，就不知道這些人安的是什麼心了？是要倒打一把給馬英九好看呢？還是向台灣人灑鹽示威？

7. 拋開藍綠，讓國旗正常化

正當釣魚台的國土之爭引發港人登島代插中華民國國旗之際；正當台灣學生不滿奧會撤旗而在倫敦出示中華民國國旗之時；正當有人為這面中華民國國旗單車環台之際，說實在的台灣人連憂喜參半的機會都沒有，只有哭笑不得。

因此，正當政黨法立法之際，大家關心的應不只是中國國民黨黨產未解的問題，而更重要的是中國國民黨的黨旗黨歌應退出國旗國歌的公平正義問題，也應一併解決。

其實，外國人來到台灣會很奇怪地問這是那一個北韓第二；而那一些正經八百為台灣發聲的學生會被當作是北韓派去的共產黨黨員，因為世界上沒有一個民主國家的國旗會是以一黨之私的黨旗偽裝而成的；且國歌唱的是一黨之私的黨綱；更好笑的是憲法還是以一黨之私的黨意為內容，鴨霸台灣。

而這樣不明不白的體制，竟然還向國際社會宣稱自己是政黨政治的民主國家；竟然還想以質變的民主方式統一中國；竟然全世界少有國家承認這面國旗卻只有中國。而中華民國國旗、國歌、憲法現今存在的價值竟然只是為了符合中國統一台灣的需要和條件。

台灣人已被麻木很久了。但外國人來到台灣卻像去到中國、北韓一樣，一眼就識破航站的國旗就是黨旗，國歌就是黨歌，憲章就是黨綱。這樣的台灣，這樣的中國國民黨的中華民國，和共產黨一黨專政的國家有什麼兩樣？更不幸的是中國、北韓都挑明著說自己是一黨專政，而台灣呢？還長期麻醉自己是政黨政治的民主國家，既連有識之士都已被蒙在鼓裡，鄉愿地既連政黨都無法伸張黨權正義，更不知如何面對下一代的質問？

這樣的國境，這樣的台灣，誰會稀罕那面霸凌著台灣人的中國國民黨黨旗在國際飄揚；在台灣的土地上到處灑鹽。台灣的問題不是藍綠問題，而是正義、民主的問題，是國人應該正視國旗、國歌，還有憲法正常化的問題。

8．台灣加油

用形同黨旗的國旗不如用「台灣地圖旗」為台灣隊加油

報載林智勝五日在對韓經典賽後偷偷將一小面中華民國國旗插在投手丘上，引來爭議，也點出國旗的重要性、荒謬性，值得深思。

其實，台灣這一面中華民國國旗是不被經典賽大會承認的，這如同奧委會不承認中華民國國旗，只許可梅花旗一樣，就算是在地主國比賽也一樣。體育如此，政治上更是現實，國際上根本不承認中華民國國旗，既連中國國民黨執政的馬政府在陳雲林來台時，也一樣下令將民眾手中的中華民國國旗收起來，藏起來。但林智勝卻甘冒大不諱地硬是將一小面中華民國國旗插起來，其荒謬性不言可喻。

國旗有這麼重要嗎？在台灣受虐症候群的長期麻痺之下，大家不是都得過且過地，言必稱以經濟為重，顧肚子重要嗎？何以林智勝仍這麼在意，而何以中國國民黨仍以黨旗佔據中華民國國旗。這正是台灣的荒謬所在，大家不明究理地熱情揮舞著中華民國國旗，一面被中國國民黨霸占的國旗，等於是揮舞著中國國民黨的黨旗，在為台灣隊加油。一時間全台都成了中國國民黨的黨徒，深化了台灣受虐症候群的病症。中國國民黨則成了最大的贏家，而台灣卻再一次的被這面黨旗在歷史的傷口上灑鹽、消費。

國旗是國家的象徵、符號，但台灣的國旗只象徵中國國民黨的黨徽符號，根本失去政黨政治的精神，以及公平正義的原則。因此，正當林智勝護旗深切之際，台灣不應再讓這齣荒謬的愛國主義繼續荒謬下去，更不該再讓台灣青年平白誤擲愛國主義，做無謂的犧牲。所以中國國民黨應自動、主動限期退出國旗、國歌、國號，以及憲法等被其強佔的符號、文字。否則，國旗、國歌、國號，以及憲法等應中性、中立地去除任何被獨佔的黨派符號、文字。

然變革曠日廢時。而今之計，用形同黨旗的國旗不如用台灣圖旗為台灣隊加油，才不會輸了棒球，又輸掉台灣。

林智勝的國旗風波，凸顯國旗反民主、反自由、反政黨政治的荒謬性。無獨有偶，一波未了一波又起，近日二〇一三年十一月初報載張懸英國演唱會接下粉絲的中華民國國旗，又引來現場中國人的不滿。這風波再度點出國旗的重要與荒謬性。

既然中國這麼討厭這面旗子。另一方面，這面旗子也從未經台灣人公投同意，尤其馬英九和中國國民黨在中國人陳雲林等的面前一看到這面旗子更是慌張得非把它碎屍萬段，無地自容般地非教它消失不可，既連全世界也無人承認這面旗子，那麼，既然如此，台灣人又何必不識相地自作多情，硬巴著人家的黨旗不放。何不乾脆自找生路，用形同黨旗的國旗，用大家都不愛的旗子，用一面大家都唾棄的旗子，不如，不如用「台灣地圖旗」為台灣加油。

台灣地圖的旗幟，一清二楚，天經地義，任誰看了，都知道台灣；任誰看了，都知道自己。

9．一中兩憲，與台灣何干

報載一女會計被爸爸介紹去上班的公司老闆於二年之間強暴九十三次之多，一審刑求這位老闆九年六個月刑期，但二審法官採信兩造是男女朋友兩情相悅的說辭而改判無罪。這個活生生的劇情，已相當程度地提醒台灣應勇於向一中說不，而且就在現在，馬上說，不。

一中兩憲這檔事，絕不能信口雌黃。鴕鳥心態，將就現實。現在不辨正，以後就百口莫辯，弄假成真。一中兩憲、一中各表、一國兩制、一中原則、大中華共同圈、台灣就是中華民國、中華民國就是台灣等等主張，都是投降主義，出賣台灣，製造革命禍因的炸彈。

中華民國從「暫居」到變成「佔居」在台灣的憲法，其實是一九四六年在中國的國民大會通過以大陸為主體的政府架構，而這個架構更從未包括屬於日本台灣在內的設計安排。一中，不管是中華民國的一中，還是中華人民共和國的一中，全都根本未包括台灣，一中兩憲等說法根本就是強姦台灣、強暴台灣。

這就像無情的先生假意允請太太回娘家，迨太太在娘家住了一陣子之後，卻向法院訴判離婚，並請求返還聘金與贍養費，這時可憐的太太才知被設局而大勢已去。台灣在無情的政客手中，早已陷入一中的框架而不能自拔。只有現在勇敢說不，台灣才有自己的未來。

10．台灣拼入聯，虎尾要正名

尋找虎尾人的自明性和自豪感

「入聯公投」、「返聯公投」，仙拼仙拼死猴齊天，為了「UN for Taiwan」，大家上街撩落去，不過，大夥兒走得心情愈high，而我卻是愈走心愈虛，想想我應該還是回家拼「正名」，雙管齊下。才對得起台灣，對得起虎尾，也對得起自己。

因為，「入聯公投」、「台灣正名」方酣之際，虎尾家鄉的自明性反而被淹沒了，豈不諷刺。

A、虎尾被改稱雲林

事情是這樣的，一九九七年我們一群年輕人辦了一場轟轟烈烈的「虎尾全國文藝季」，同時保留了「虎尾郡役所」和修建「虎溪鐵橋」的板仔橋，前者，我們期望它能修復保留成為「虎尾權力博物館」，展示虎尾地區四百年來的統治歷史，明明白白交代虎尾這塊土地的來龍去脈；後者，我們想重新給他一個美美的名子，叫作「虎溪板路」。結果，前者的用途改了，連帶名字也變大了，改叫「『雲林』布袋戲館」，旁邊的「虎尾郡守官邸」也連帶被保留修改成「『雲林』故事館」；後者，則把名字變小了，改叫「蕃薯庄板仔橋」。我們的功德做了，只可惜新郎新娘都不是我們的意中人。這種結果令人錯愕難當。

B、虎尾被易名Formosa

更絕的是，本地科大英文校名竟無端地悄悄改名為「Formosa」，後來根據校方的「正名」解釋，說「虎尾在國際上沒人認得；而且「福」爾摩沙也有「F」——「虎」的音，……。」這時大家才恍然大悟，原來「學問」是用來「唬」人的，「教育」是用來輕視自己的。網友反應的快，馬上上網要大家以後乾脆改叫「『唬』大」。還有一位網友要把學校掃地出門，乾脆搬到叫「F」的地方去。

但校方的本意，尚不止此。二〇〇六年的冬天校方進一步發出問卷調查學生「學校更改中文名的意願及徵名」態度，調查的結果校方表示，「這場『正名運動』贊成『去掉虎尾』的比例很高。」但網友Top Man馬上潑了校方冷水，說：「本事重要，別浪得虛名」；另一名網友「也哀」，則體貼的建議這所愛慕虛榮的學校乾脆改名「台西大學」，可簡稱「台大」。其實，不管你說破嘴，校方早已成竹在胸，認為「校名好壞很重要，至今中文名尚未搞定，但是本校的英文名蠻不賴的，National Formosa University，是台灣唯一一所以Formosa（福爾摩沙）作為英文校名的大學。」而洋洋自得。看來虎尾已割給了這塊殖民地，難怪殖民者都會鄙視他的殖民地。

C、虎尾被改叫斗六

虎尾「割讓」的土地之中，建國眷村打從日本時代到現在也是命運多桀，現在變為國防部財產，準備標售，賣者卻一點悔意和尊重地方、歸還給地方的意思都沒有。

此外，虎尾最近又「割讓」了一塊佔地四百二十甲的土地給取名「雲林站」的高鐵站特定區，喪權辱「鎮」。虎尾幾已喪失自己的靈魂。一九九九年虎尾爭取高鐵設站，二〇〇六年初具規模的虎尾高鐵站特定區卻標示著「雲林站」三個大字，這生下來的孩子顯然還是叫了別人的姓。試問，桃園不叫「青埔站」，新竹不叫「六家站」，隔壁嘉義也叫「太保站」。高鐵一路開到虎尾卻成了雲林站，真不知虎尾人要情歸何處？就連高鐵站的聯外道路竟然也取名「『斗六』交流道」。這下子孰可忍孰不可忍，前兩天一封寄給我署名愛虎尾的水源地聯誼會的信裡就發出這樣的不平之鳴。另外，平和里長向我表態若高鐵站名不改回虎尾，一定抗爭到底。那時我對他的義舉感到好奇，照理，平和里和高鐵特定區八竿子都打不著關係，干卿底事。他答的可妙，「覆巢之下無完卵」。

D、虎尾被性騷擾

這等事我也不知從何說起，直覺上就是怪怪的，更何況被性騷擾的不舒服的感覺都可以訴諸《性騷擾防治法》得到公平的對待，而這麼一大群人的不舒服，難道無法可解？

現在，台灣人終於勇敢的喊出自己的想法，而虎尾呢？故鄉已經鄉愿、麻痺很久了，更何況「正名」成功，「虎尾會多一塊肉嗎？」尤其，馬英九也說，「笨蛋，問題在經濟。」但陳水扁反駁說，「笨蛋，問題在馬不敢講台灣。」並認為只問經濟是自欺欺人的說法，台灣主題意識已是任何人都無法阻擋的潮流與趨勢。是啊！虎尾不該讓人看衰，應該勇敢的站起來，喊出自己的名字。

本來我還滿耽憂這樣的質疑很容易在鄉下被冷漠、誤解，所幸多學了幾趟「UN for Taiwan」的熱鬧上街後，也就對激發民眾產生公民思考的信心大增。

其實，「UN for Taiwan」上街抗爭，只是上街宣導，交出一張漂亮的公投成績單，讓國際上知道兩千四百萬人民的希望。同樣道理，虎尾也要來一場連署公投

「台灣拼入聯，虎尾要正名」，時間就在明年三月，與總統選舉日一起表達虎尾「正名」的心聲，可好？

E、虎尾要站起來

但虎尾要「正名」的話，是不是該叫虎尾呢？這個問題我也反思過，全台灣也有叫虎尾的地名，不過，嘉義民雄的虎尾寮、斗六虎溪里等都是庄頭名，只有虎尾「鎮」的層級最大。更何況「土庫爭設郡，虎尾要設縣」。民國三十八年的時候，虎尾在北港蔡培火等人的請命之下，還差點拼過「雲林縣」成為「虎尾縣」；民國四十年的時候，縣治也差點贏過「斗六」設在「虎尾」。但輸了這兩次，虎尾虧大了；而雲林也好不到哪兒去。不僅地方的繁榮不如預期，而且捨棄虎尾地理中心位置的優勢，浪費掉人民長年以來的交通機會成本更是難予估計。

其實，虎尾原名五間厝，一九二〇年才由日本人「改正」成虎尾。那時日本人也狠，亂改台灣的地名，還拗作「改正」，台灣原來的地名豈不「歪」的？所以真正該反省的應該是日本人，喔！還有國民政府把地名「大陸化」如「西安里」；「道德化」如「信義鄉」，也都如出一轍。而我們現在要求的「正名」只是名實相符的「還我本色」。衹是卑微地捍衛自己的名字，正視自己的存在。

F、虎尾原名「favorlang」

四百年前荷蘭人依平埔族的發音紀錄這裡叫做「favorlang」（虎尾人），名實相符。往者已矣，相信全台各地一定有許多這樣的憾事。但現在，實在沒有理由再在這塊土地上更改或強佔她的名子。

然而，虎尾真的存在嗎？根據《熱蘭遮城日誌》的記載，虎尾人早在一六二四年荷蘭人據台之前就出現了，虎尾人原音「favorlangh」，《熱蘭遮城日誌》的譯者江樹生教授把她翻譯作「華武壠」，更有學者直接譯成「虎尾人」。那時，荷蘭人為了經營台灣，派出傳教士與士兵兵分兩路，一手蘿蔔，一手棒槌，分進合擊。那時，傳教士編成《虎尾語典》，教化住在「虎尾語區」的「虎尾人社」的平埔族人用羅馬字母拼寫平埔族語的文字學習聖經；但在這之前，則派兵聯合其他平埔族社渡過《熱蘭遮城日誌》裡記載最難渡過的「虎尾人溪」，攻下最難馴服的「虎尾人社」，這可真符應「能過西螺溪，難過虎尾溪」的傳說。可見虎尾溪加上虎尾人迫使荷蘭人坐困愁城，遲遲無法北上，才予西班牙人有可乘之機，「偏安」北台灣十二年。虎尾人捍衛這塊土地的悲壯史詩，荷蘭人該是領教了。

年前梅爾吉勃遜執導《阿波卡獵逃》，片中演的是南美洲的原住民在面對大航海時代來臨前夕的一段辛酸的斑斑血淚史。我從《阿》片中彷彿見到虎尾人的祖先，既將消逝在從海上突然崛起的異色統治前的那一幕——腳痲腿瘦再能逃也已無力且也無處可逃——的無助背影。

G、母親的名叫favorlang

那應該是約莫三百多年前的一六三〇年代，在favorlang這塊原初的土地上，住著一群虎尾人，說著虎尾語，而在她們的四周圍則是洪荒般的favorlang溪的沙洲地形，水草、魚蝦、鳥況生態豐富，野鹿特多，也因此春夏時節經常引來成群結隊領有荷蘭東印度公司核准捕鹿證的中國人到此打獵，但因越界糾紛不時與「虎尾人社」發生衝突，荷蘭人便一而再地聯合南部的平埔族社揮軍北上渡過虎尾人溪，實施軍事掃蕩，進而對虎尾人撲殺蹂躪，梟首示眾，終使「虎尾人社」降服開放捕鹿地盤，換取和平，但也付出賴以營生的代價，終致消逝成謎。

而今，虎尾人到哪裡去了？又為什麼取名虎尾溪？而虎尾的意思是什麼？是像柴裡斗六社的平埔族人捕到野鹿時會發出「斗六門」的歡呼聲，而「虎尾人」也是某種興高采烈的代名詞嗎？還是一如蔣崑庸先生臆測取自《尚書．君牙篇》「虎尾春冰」的典故？或水流湍急，溪床遼闊，致有如「去年虎尾寬，今年虎尾隘」的河道像老虎尾巴一般地搖擺不定之故？所幸，在眾說紛紜中，荷蘭人留下「favorlang」的線索，讓我們看到了虎尾的原鄉，深知虎尾這個名字早已存在在這塊土地上。而且透露出虎尾的英文名favorlang其實比中文名「虎尾」或Hu-Wei更為真確。但絕不會是formosa 福爾摩沙！？

不過，《熱蘭遮城日誌》裡記載這麼清楚的「虎尾人社」經過三四百年後怎麼突然消逝於諸多學者的研究測繪的版圖，既連伊能嘉矩也未能標示出「虎尾人社」的位置，和「虎尾語區」的所在，整個原先生活在虎尾人溪中游的社群通通不見了。尤其，令人好奇的「虎尾語典」也不知下落何方？難道，這樣逐居虎尾人溪畔的民族，注定受到人為的壓迫外，更有著大河的宿命天敵。

H、母親的堅強

一六九七年郁永和北上採磺途經險峻的虎尾人溪時，在《裨海紀遊》形容道：「溪廣二、三里，……，而水深湍急過之。轅中牛懼溺，臥而浮，番兒十餘，扶輪以濟，不溺者幾矣。」足見虎尾人溪的凶猛。但也正合郁永和自言「遊，不險不奇！趣，不惡不快！」性喜冒險的胃口。一七二三年清雍正就把這條險峻的大河劃作新增彰化縣的天然河界，那時河界邊上的虎尾人社這塊土地則被「改名」叫「諸羅縣大坵田堡土庫支廳大屯仔區五間厝庄」，成為兩縣的邊陲地帶。直至一八八六年，台灣建省新設雲林縣，五間厝才「鹹魚翻身」變成雲林縣的地理中心。但話雖如此，早期一八五三年發生的曾圭角之亂，已使五間厝一蹶不振。直到一九〇六年日本人選址在五間厝的虎尾溪畔興建糖廠，五間厝才又振衰起蔽，一躍成為新興的小型現代化城市。

自從郁永和經過虎尾人溪之後的三百年間，濁水溪的主流河道也歷經多次的改變，乾隆末年既以虎尾人溪為主流。後來，日人築堤束洪，虎尾人溪因此成了斷頭河，且變成北港溪的上游支流之一。現在，虎尾溪原來的舊河道上除了灌溉溝渠和一幅綠野平疇的農村景色外，已完全看不出當時大河的浩瀚景象。

一、這就是我們的favorlang

虎尾溪確是孕育虎尾人的大地之母。但不知日本人何以後來要把五間厝「改回」虎尾原來的名字？日本人於一九二〇年在全台各地大規模「改正」之後的地名，其實都是現在許多文史工作者追究原鄉之名後心中的痛，但唯獨虎尾卻正中下懷，「瞎貓碰到死耗子」。尤其日本人還特地為虎尾用《日本海軍軍歌：勇敢的水兵》套譜編寫了一首「虎尾街歌」，蘇金順老師翻譯其日文的大意是：

1. 若遠望東邊的新高山，聖峰展在天頂的雲霄。
若眺望西邊的大平原，這就是我們的虎尾街。
2. 四支煙囪高高聳立著，那是很有名的日糖社。
煙囪吐出滾滾的濃煙，水源地美麗著虎尾街。
3. 過去是荒野的五間厝，如今變成繁榮的市街。
大路直直貫通新街面，這就是我們的虎尾街。

那時，雄壯的「虎尾街歌」唱出虎尾人的光榮，後續更引來許多以虎尾稱霸台灣頭與台灣尾的相映成趣的俗諺，如比喻糖業龍頭的「北五間厝，南橋仔頭」、「北虎尾，南阿猴」；毛巾生產重鎮的「和美織，虎尾巾」；講中元普渡規模的「北基隆，南虎尾」；比校譽的「北景美，南虎女」；較量風情萬種的「水上三線路，虎尾鐵支路下」；引喻功敗垂成的「土庫爭設郡，虎尾要設縣」；相對古地名的「斗南他里霧，虎尾五間厝」；還有比較產業特色的「油價北港定，蔗糖虎尾榨」等等，不勝枚舉，可見虎尾的來頭不小，而虎尾的存在確已是台灣存在的事實。

Made in Taiwan，made in「favorlangh」。UN for Taiwan，「CN」for

「favorlangh」。CN指的是Correct Name，虎尾要「正名」，虎尾一定要找回原已存在的存在，堅決捍衛虎尾人共同的記憶。……

這時，街頭上向進軍聯合國的人潮早已走遠，獨留下我木然地呆立在空蕩蕩的街心，內心卻唱著澎湃激昂節奏的「若眺望西邊的大平原，這就是我們的favorlangh。……」心忖，「向自己人反應的『正名』，也要上街頭嗎？」「難道自己人都不知道失去名字的痛苦，這怎麼向聯合國發聲？」

11．談兩岸之前，中國國民黨應先拋棄「中華民國」

報載繼ECFA（「兩岸經濟合作架構協議」）之後，親中媒體已頻敲邊鼓，以經促政，以政促統，直逼而來，急於簽屬「兩岸信任架構協議」（CBFA），意圖將「分治而不分裂」及「現在進行式的一個中國」之框架法治化，還說這是一個應有的理想，也是兩岸現實上所必需。

其實，這個比「一國兩區」更具體背叛、出賣台灣的陰謀，自當反對到底。分析目前，中國國民黨一手以「一中各表」掐住民進黨，讓民進黨苦吞「中華民國就是台灣」而進退失據；另一手則以香港「半套民主」笑傲中共，讓中南海顏面無光。然而，「一中框架」是中國國民黨與中共的公約數，而「民主政治」卻是民進黨在台灣對抗威權，長期奮鬥的果實，現在中國國民黨竟拿著民進黨的民主果實翦除民進黨的台灣出路，暗渡陳倉地把台灣主權奉送給中國，還妄想、陰謀地消滅台灣，是執可忍執不可忍。此刻，民進黨為何而戰，為誰而戰，及如何應戰？已到了企需反省，和重新整軍出發的關鍵。

相對的，當中國國民黨挾勝選餘威，大動作宣揚「一個中國」，並進而想終止民進黨的「台灣主義」，且若續以民主方式鞏固其政權之際，中國國民黨最好的策略就是拋棄中華民國。就像應清算其黨產一樣，應拋棄中華民國為中國國民黨的專利，亦即拋棄國號、國旗、國歌，修改乃至一切在台灣具有中國國民黨一黨之私的意識型態的路名、地名，包括憲法，免得國庫通黨庫之外，更把黨名通國名，又黨旗通國旗、黨歌通國歌，全都霸佔。

如此，中國國民黨不該閃躲，也不要轉移焦點。中國國民黨有責任、有義務先將台灣民主化、公義化、共識化，才是台灣民主政治、政黨政治的開端，也才是兩岸交往互信的開始。

選後中國國民黨已正式啟動終極統一工程，包括吳伯雄向中國獻寶「一國兩區」，親中媒體發動簽署「兩岸信任架構協議」（CBFA），意圖將「分治而不分裂」及「現在進行式的一個中國」之框架法治化，還說這是一個應有的理想，還硬拗說這是兩岸現實上所必需。

12．中國國民黨應主動將中華民國「去中國國民黨化」

台灣自從被中華民國霸佔捲入「一中」的議題之後，台灣馬上從美麗之島變成說謊之島。

大家都在比賽說謊，中國國民黨騙自己，一個中國就是中華民國；民進黨也騙自己說，台灣就是中華民國。但是住在台灣的每個人幾乎都知道，一個中國就是中華人民共和國，而民進黨的中華民國就是台灣國。

此外，中國國民黨想說的是統一在中華民國之下的中國，而民進黨所說的是獨立於中華人民共和國之外的中華民國。兩大黨竟然在比賽說謊的技巧，且整個台灣更融入集體說謊的歇斯底里狀態。

更離譜的是，大家還圍繞著大家都不相信的中華民國憲法，討論著大家都不敢承認的中華民國，每次集會還要對著中國國民黨的創黨人孫中山行禮，還要對著中國國民黨的黨徽國旗致敬，有時還要唱唱中國國民黨的國歌，既連警察也要每天向警徽中鑲入的中國國民黨黨徽效忠。中國國民黨霸凌台灣，霸凌所有政黨，大家應該向中國國民黨的中華民國申請國賠，伸張正義。

不過台灣政黨至少有一個共同的默契，那就是都異口同聲瞧不起中國殖民香港的半套式民主，連帶地也準備以逸待勞，讓民主衝破鐵幕，讓參與戰勝獨裁，激發質變的作用，讓不敢說而潛藏在台灣幽暗心靈深處的統一、獨立得到抒發和期待。

期待統一是基於民主自由的統一，而獨立也是基於民主自由的獨立。民主自由幾乎被集體催眠成台灣戰勝中國的利器、圭臬。可是台灣不僅在國家定位的目標意志上自欺欺人，既連執行國家民主自由的方法也是自欺欺人。

國庫通黨庫、國名通黨名、國旗通黨旗、國歌通黨歌。這些全都是中國國民黨霸佔中華民國的惡行惡狀。如此，台灣有何民主平等可言。既無民主又何待民主追夢；既無平等又何待平等立國。更遑論兩岸進展。

所以，台灣欲作為民主的燈塔，兩岸的救星。台灣必須先解決台灣的內部矛盾，讓台灣民主化、公義化、共識化。因此，中國國民黨聰明的策略就是拋棄、退出中華民國，讓中華民國「去中國國民黨化」。就像應清算其黨產一樣，應拋棄中華民國為中國國民黨的專利，亦既拋棄國號、國旗、國歌，修改乃至一切在台灣具有中國國民黨一黨之私的意識型態的路名、地名，包括憲法。

總之，不關藍綠，無關兩岸。中國國民黨不該閃躲，也不要轉移焦點。稍有民主政治常識的國人都該呼籲，中國國民黨有責任、有義務先主動解除國庫通黨庫的弊端之外，更應解除黨名通國名，黨旗通國旗，又黨歌通國歌等等不公不義現象，這才是台灣民主政治、政黨政治的開端，也才是兩岸交往互信的開始，更是號召中國質變的良方。

13‧中國國民黨應退出中華民國

許信良競選民進黨黨主席呼籲黨員應放棄台獨，改以承認中華民國憲法作為台灣共識，並認同台灣就是中華民國。此舉不知許葫蘆裡賣的是什麼藥，否則許應該去選中國國民黨黨主席才對。

這些年，許信良推翻中國國民黨不倒，現在反在意識裡推翻了民進黨。許若要這樣消滅民進黨的話，不如自己去創一個政黨，反而來去自在，也不負做人的道理。

民進黨是可以放棄追求台灣主體性的目標，但這樣的民進黨之於台灣有何存在的價值。因此，民進黨在總統敗選之後的這波黨主席之選，不應是拋出屈從於九二共識，也不應與中國國民黨的兩岸關係起舞等投降主義式的言論，而是應另闢戰場，持續為台灣的公義社會發聲才對。

台灣就是中華民國以及憲法共識這種投降主義都是自欺欺人的說法。簡直是自外於台灣人的賣台做法，自絕於台灣的主體性。這樣的論調存在於民進黨，就好像中國國民黨一開始把台灣人洗腦成仇視共產黨，但現在又硬生生地要台灣人和共產黨要好一樣，原先高喊獨立建國，消滅中華民國的，現在卻反過頭來認賊作父。台灣先被外來的中國國民黨欺騙，現在又被本土的政黨唬弄，而這一切還全都輸在共產黨手上。

中華民國是中國國民黨的中華民國，中華民國憲法也只是中國國民黨的憲法。台灣的民主政治要能有起步，除非中國國民黨自動在中華民國的現有基礎上中立化，退出中華民國的國旗、國歌，和偏執以中國國民黨的意識形態為主體的憲法。唯有這樣，台灣就是中華民國的調性才有一點可能，台灣共識也才有機會因此而生。所以現階段不是台灣獨不獨立的問題，而是中華民國獨立不獨立的問題。中華民國要獨立，台灣才有自由可言，台灣才有民主的本錢，向中國號召統一的未來追求實現民主自由的可能，透過這個共識，民進黨的台灣獨立才有曙光，而中國國民黨的兩岸統一也才有號召。

這一個第一階段的中華民國獨立運動才是台灣共識的平台，才是台灣任何政黨的良知，否則都是自欺欺人，既連大陸民眾也不相信台灣有民主、有自由，因為兩岸同樣各是一黨專政的憲章，一黨專用的國旗，一黨專屬的國歌，台灣就像中國是共產黨一黨獨裁的國家一樣，台灣只是換成中國國民黨一黨獨霸。中國民眾要爭自由爭民主，台灣人民何嘗不是要爭自由爭民主，而且都要爭獨立，爭中華民國的獨立，爭中華人民共和國的獨立。獨立於中國共產黨之外，獨立於中國國民黨之外，獨立於任何政黨之外的真正獨立的國家大業，才是兩岸現階段各自努力的功課。

但可惡的是，這個民主的家庭作業不作，國共兩黨就聯手蒙騙、誤導民眾，轉移人民的焦點，這兩個不民主的政黨就暗通款曲私相授受，奢言兩岸關係。兩岸人民各有權利拿回兩岸關係的主動權，先求國內民主，再求國際對等；先求國家獨立，再談兩岸關係；先求人民自由，再求跨國結盟。

因此，亞洲這一波的民主運動，應是中華人民共和國和中華民國的各自獨立運動，各國應先拋棄政黨意識型態，讓國家完全自由、民主，取得台灣共識、中國共識，兩岸才有望對談結盟等機會。如此，五二〇不只是小鼻子小眼睛要去「爭生計、防串共」，而是有一個更需要發聲的議題：「中華民國獨立」。

14．中華民國獨立

中華民國獨立有兩層的意思，一是對外的獨立，中華民國與中華人民共和國一邊一國；二是對內的獨立，中華民國應該是屬於在台灣的各個政黨的中華民國，而不是中國國民黨獨佔的中華民國。

所以對內的獨立，意思是要求中國國民黨退出中華民國，這是一種減法的獨立，但也可以用加法把各政黨的黨徽、黨綱等元素都一起放入中華民國國旗、國歌，還有憲法。

這就像兩性平權的道理一樣，政黨也應該平權，如此鬆開中國國民黨所束縛的中華民國之後，對民進黨而言，台灣才會是中華民國，中華民國就是台灣；而對中國國民黨來說，中華民國才能落地生根，贏得台灣人的認同。

中華民國的獨立，是放棄專政獨裁的霸權政治，真正轉型落實民主政治的里程碑，不只是中華民國的再生，更是號召對岸中國產生質變的誘因。當然中國國民黨若無意於此，或捨此途徑不為的話，中國國民黨可以選擇出走台灣，投靠中國；台灣可以選擇另取國號、國旗，以及制訂以台灣為主體的憲法。所以，在中華民國未獨立之前，台灣絕對不是中華民國，中華民國的憲法也絕對不是台灣的憲法。

中華民國獨立更可分理論與實務兩方面論述，理論上中華民國是一個已經滅亡的國號，也是後來被聯合國除名的國家，根本不被國際承認，國際上只承認中華人民共和國代表一個中國。但這個中國其實從未包含過台灣，還曾經在佔領之後又把台灣割讓給日本；而台灣也從不隸屬於中華民國，中華民國只是一個逃亡到台灣，用軍事占領台灣的黨國。所以理論上，台灣可以自立國號，也可以自由地選用中華民國作為自己的名字，成為台灣獨立的旋轉門。但實際上，中華民國得先要去中國國民黨化，先讓中華民國獨立，才能成為符合台灣共識的中華民國。

中國共產黨一黨專政，中華人民共和國等於中國共產黨的黨國。這一點都不可怕，因為它實施極權獨裁統治，人盡皆知。但可怕的是被中華民國統治的台灣，雖形式上實施民主選舉，號稱政黨政治，但實質上卻是比中國共產黨的專政還專政，全台上下到現在，不管你是不是黨員，都還需一致地向中國國民黨的黨旗敬禮，向中國國民黨的黨綱信條宣誓效忠，可說是佔盡、霸凌所有的便宜，和一切的資源。全世界還有幾個像這樣大言不慚說是民主，（連反對黨也不自知的說台灣民主有成，並自居功勞，自封民主先鋒。）但實地裡卻是個（連反對黨也一起放水）最專政的不正常的國家。

但不可思議的是，台灣人到現在還再被集體催眠。而身為反對黨的民進黨竟也無動於衷地一次又一次地自外於台灣的正義，自外於人民的希望。

台灣獨立早已經被國、共兩黨聯手打趴，淪為華人政治市場的魔鬼毒藥。於是李登輝藉屍還魂地說，中華民國在台灣。民進黨則說台灣就是中華民國等等，假裝台灣已經獨立，假裝中華民國已經非中國國民黨化、去中國國民黨化。但是中華民國沒有獨立自主的一天，中華民國就永遠只是中國國民黨的一黨之國，台灣就永遠沒有民主的政治，失去政黨政治的台灣，就等於沒有公平正義的台灣，台灣人民等於生活在政治煉獄之中。

15．台灣不必急著渡河，中華民國須先獨立

謝長廷的中國之旅被形容是破壞性的模仿，而非破壞性的創新。可說相當程度

的傳神。

民進黨站在台灣的十字路口是要搞模仿，還是搞創新，實在須要一點智慧和膽識。中國國民黨的「漢賊不兩立」和民進黨的「台獨」都是時代悲劇下的錯誤政策，也是兩黨五十步笑百步的所在。

不過，時至今日，中國國民黨已找到「九二共識」的兩岸對話機制。但民進黨一直找不到對話的出口，而且隨著這幾年中國的迅速崛起，民進黨身受「以商逼政」、「以經促統」的衝擊趨勢下，已被國共兩黨夾殺，有被邊緣化的跡象，加上二〇一二年民進黨台灣總統大選的失利，愈發使得民進黨自亂陣腳，動搖黨的政綱，與黨的路線。

另從最新的黨主席選舉文宣、談話，仍看不出任何檢討與策略方向，顯見民進黨猶束手無策，看不出問題的癥結，和黨應有的作為。但兩岸關係步步進逼，民進黨已退無可避。不過，台灣不必急著渡河，中華民國須先獨立。尤其，攘外必先安內，台灣的中華民國國旗、國歌，以及憲法等都應先求獨立於黨派之外，先讓中華民國分離於中國國民黨之外。

16．中華民國獨立了沒？

台灣獨立了沒？大家都很疑惑。

其實，台灣只有建國的問題，根本沒有獨不獨立的問題，因為台灣本就獨立，只是四百年來不幸地屢遭侵略佔領，錯亂了大家的獨立意識。反倒是現在，台灣若想包容、借用目前入侵佔領台灣的中華民國，就得先向中華民國驗明正身，中華民國獨立了沒？中華民國必先獨立，獨立於中國國民黨之外，完成民主的中華民國，才可望被台灣選擇為自己的新名字之一，成為中華民國等於台灣，台灣就是中華民國的選項。

所以，台灣沒有台灣獨立的問題，只有中華民國獨立的問題。

中華民國應獨立於中國國民黨的一黨專政之外，其一，中國國民黨應自動退出中華民國的國旗、國歌，和憲法，保持中華民國的中立性、民主性。其次，中華民國的國旗、國歌，和憲法亦可在現有的基礎之上加入其他政黨的黨徽、黨綱，和信條，平衡政黨政治的公平正義。

台灣是想要經濟富強，但這之前的道路必然是獨立，獨立出自己的台灣風格；因為唯有真正的獨立自主才是屆時豐收的必要保證。台灣是想要變成公民，但橫亙眼前的問題是長期失衡的族群差別待遇，調和族群的利害關係。因為把族群都變成公民才能真正享受到國富民強長治久安的甜美果實。因此，一個前進的政黨所應該看到的台灣不是藍綠，而是獨立自主與否，與公民與否的省思。

17．談中國之前應先談黨權

報載前美國在臺協會理事主席卜睿哲表示，民進黨新主席蘇貞昌面臨的最大挑戰是如何釐定兩岸政策，以與前主席蔡英文的「台灣就是中華民國」有所區隔。尤其近日，謝長廷前主席的中國尋根之旅，更讓蘇主席的中國政策面臨壓力。

其實，蘇主席應先放下中國的「誘惑」，腳踏實地的從捍衛民進黨自己的黨權做起，才能推己及人顧台灣，才能被選民信賴形成台灣共識，進而和中國打交道，談合作。尤其，這是一個台灣正義、轉型的必要過程；這是一個所謂政黨自主性的功課，從捍衛自己的黨權開始，才可望捍衛自己的國權。從政黨平權開始，才能寄望國家平權。否則，民進黨若連自己的黨權都有問題，也就是說民進黨連自己的「主權」都有問題，都沒有能力處理，或不敢處理的話，國人怎會寄望民進黨有能力處理台灣的主權，更遑論有實力處理兩岸的關係。

況且，兩岸關係更是一個虛假的議題，其實民進黨的兩岸政策非常清楚，兩岸基於台灣主權的獨立性，只有國與國，一邊一國的對等關係，所以沒有兩岸糾纏不清的問題。

當然，蔡英文的「台灣就是中華民國」尚未經過台灣人民的自決，這個議題至少可以留待下次選舉一併公投，再尋求台灣共識。因此，全球暖化、貧窮是世界性的兩大議題，台灣則另有國家認同，與台海情勢等兩大議題，唯談中國之前應先擺平黨權。

18．香港能，為什麼台灣不能？

報載十二萬港人上街反國教反洗腦的抗議如火如荼之際，對於台灣長期被洗腦幾到受虐的程度相比，只能浩嘆，為什麼香港能，台灣不能？

台灣一向喜以香港特首調侃台灣總統，現在看來，台灣總統簡直要比香港特首還不如；而台灣長期遭受國民教育毒素之深，更是香港所望塵莫及。

香港人這次驚覺的只是洗腦的開始，而台灣對於長期被洗腦這件事早已麻木不仁，更是《台灣受虐症候群》這本書中印證台灣被洗腦的狀態，已從勉強型、自然型、習慣型，到鞏固型的階段，對於錯亂的「一個中國」意識根本就是信以為真，既連自己的歷史被竄改，台灣固有文化的本質等，都已毫無招架的辨識能力。

電影《賽德克巴萊》中莫那魯道就曾為族人的被侵略受虐做最後的辨識，保障了族人的祖靈與尊嚴。相反的，台灣大到國旗國歌憲法等「一黨專政式」的被集體霸凌，小到台灣語言戲曲的被扭曲摧殘，台灣人竟還拿著象徵霸凌者不要的國旗向世人誇耀，我是中國人（台灣人以為那是國旗，其實那是一面來自中國的中華民國國旗，而且國際上早已不承認這一面國旗；且面對中國，霸凌者也不准台灣人拿這面國旗）。怎不教人心酸、哀痛。

台灣已被中國化了。可是香港卻是中國化中的香港。在國際上，香港可以說自己是香港，台灣卻得說成是中國的台北。在境內，香港能自覺民主須要來自於大眾的獨立思考及自主能力，但台灣早已放棄人格與心靈的尊嚴，並把這些能力出賣給外來政權，只剩在殘餘的經濟、政治的微薄權力上攪鬪。

台灣基本牆角已被掏空，台灣沒有了人民自覺的力量，現實上只是漂浮在海上的一艘航空母艦，正由像連戰者流上呈請示向中國靠岸。香港人尚且知道為世代子孫留下人格靈魂的自由與尊嚴，莫那魯道尚且知道護衛通往祖靈的彩虹，台灣呢？

第三章：重返虎尾人（Favorlang）的榮耀

有關農博，你不能不知道的虎尾

雲林農業博覽會自二〇一三年十二月二十五日至二〇一四年三月六日止，展期七十二天，共吸引九十二萬多人次的參觀人潮，更為虎尾留下一座佔地十八公頃的虎尾農博生態公園。……

1．四百年前啟動的虎尾全球化

「虎尾人之謎」到底發生了什麼事？

四百年前荷蘭人就在虎尾這塊土地上為虎尾人用羅馬拼音編著了一本「虎尾語（Favorlangian Speech）的字典」。這些來自荷蘭的作者布林、哈伯特等牧師主要是找尋二、三種較為通行的語言，準備替代荷語推行到全島。虎尾人語便是當時獲選的其中之一。

所幸，四百年後，我們雖不懂「虎尾人」的意思，也遍尋不著「虎尾人語字典」這部書，但卻還能聽得見「虎尾人」的發音。用這樣的心情面對農博，我們長期懸掛的「虎尾人之謎」，也就多了一份安慰。

農博虎尾主展場，早在四百年前就已是荷蘭國際貿易爭奪戰中的一環，更是中國盤據台灣掠奪資源的第一站。虎尾一如台灣的命運，歷經葡萄牙、西班牙、荷蘭等國的貿易走上國際舞台，享有美麗島之譽，卻又因中國無情封閉的統治與割讓，讓台灣淪為不正常的國家，及人民無法正視自己的歷史，和潛心愛上這塊土地的自信與勇氣。

一九〇六年日本人設五間厝糖廠，一九二〇年「改正」地名為虎尾，五間厝糖廠亦更名為虎尾糖廠，虎尾才終被改正，躍上新時代的舞台。但Favorlang是什麼意思，迄今仍是「虎尾人之謎」。

這次農博回歸賴以生存的土地，重新挖掘這塊土地的美好，讓世人吃安心找雲林之外，更可找回虎尾、雲林在台灣的歷史地位。這不僅攸關雲林農業首都轉型生活首都的契機，更攸關虎尾人、雲林人重返榮耀的再現。

虎尾大事記：

1553 葡萄牙人占領中國澳門，發現台灣
1580 西班牙人稱台灣為「福爾摩沙（FORMOSA）」
1602 荷蘭東印度公司成立
1621 顏思齊、鄭芝龍占領笨港，設十寨
1624 荷蘭人占領安平，台灣約有一千五百位中國人。荷蘭《熱蘭遮城日誌》記載，虎尾一帶是住著以虎尾人溪為畔，說著虎尾人語的虎尾人社的虎尾人，中國守澎棄台讓荷蘭人離開澎湖占領台灣安平，並設熱蘭遮城殖民南臺灣
1626 西班牙人占領台灣基隆
1662 鄭成功占領台灣驅離荷蘭人，鄭成功逝世
1683 清朝占領台灣
1684 清朝頒布渡台禁令
1895 清朝割讓台灣，日本占領台灣
1907 大日本製糖會社設立五間厝製糖工場，興設虎尾溪糖廠鐵橋
1917 平井和尚興建虎尾寺
1920 日本人「改正」五間厝地名為虎尾庄
1931 虎尾郡役所新廈落成
1945 日本投降撤離台灣，中國國民黨占領台灣
1971 中華民國被中國取代退出聯合國

2．捍衛台灣的第一人：虎尾人

四百年前，虎尾人長的什麼樣子？

這可從一六四〇年荷蘭《熱蘭遮城日誌》的記載，略知一二，在荷蘭人的眼中他們認為，虎尾人友善、自信、好脾氣，善待陌生人，男粗壯高大皮膚黑棕色，女矮小胖壯棕膚色。

但荷蘭欲渡過虎尾人溪時遭遇到最強捍的敵人，卻是他們眼中和善卻不失正義的虎尾人，虎尾人受到虎尾人溪這一條「天然劃塹」般「會過西螺溪，未過虎尾溪」的屏障保護，如虎添翼，成為抵禦荷蘭人的先聲，捍衛台灣這塊土地的第一人。而虎尾人正是我們的祖先——這一群住在農博虎尾主展場地的虎尾人溪畔說著虎尾人語的虎尾人社的虎尾人（Favorlang）。

四百年前的虎尾人為對抗荷蘭人和中國人盜獵野鹿，掠奪鹿場的惡霸行為，早已奮勇發聲捍衛自己的權益，並不惜犧牲生命，保衛這塊土地。這樣英勇的抵抗，終使得荷蘭人出兵北上一再受阻，形成台灣南荷蘭北西班牙，分屬不同殖民政體的局面。一六四二年荷蘭軍隊才在遭遇二度失敗之後躍過虎尾人溪，北上趕走西班牙人。

四百年後的今天，當我們踏進農博虎尾主展場地時，別忘了，這裡正是世人穿越時光隧道挺進扮演著四百年前台灣發展史上的關鍵位置——為土地發聲的虎尾人所在地——捍衛台灣的第一人。

虎尾大事記：

1630 荷蘭《熱蘭遮城日誌》：虎尾一帶是住著以虎尾人溪為畔，說著虎尾人語的虎尾人社的虎尾人

1636 除了虎尾人之外，北至今雲林，南至今屏東林邊，皆順從荷蘭人的領導

1642 荷蘭人征服台灣最大的鹿場虎尾人，簽定《虎尾人條約》

1648 荷蘭《熱蘭遮城日誌》：為公司利益，須要屈服野蠻不文明的虎尾人。經驗告訴我們須文武雙管齊下。布林努力發現《虎尾人語字典（Favorlang Speech）》。

1652 長官維堡批評哈巴特在虎尾人傳教八年（1644—1652）居然沒人受洗

1653 虎尾人宗教會議，貝克牧師來台主持教化工作

1661 荷蘭人維爾崔希編著《虎尾人基督教教義》

1947 二二八事件，虎尾三姓公廟（全台唯一二二八廟）

1954 荷蘭人畢耀遠奉派至台灣籌設天主教虎尾若瑟醫院

1961 廖文毅在日本擴大舉行「二二八革命紀念會」

1961 台灣獨立革命虎尾團隊五十多人被捕

1997 林文彬與虎尾青商會策辦虎尾全國文藝季：虎溪躍渡・大崙腳

2004 千里步道虎尾站成立

2007 紙風車劇場虎尾第一哩路演出兩場

2013 紙風車劇場虎尾第二哩路演出（8月3日）

3．虎尾團隊

「虎尾團隊」是中研院陳儀深教授研究台灣追求民主過程中的重大發現，這個串連兩次起義，前後長達十年之久，驚天地泣鬼神的台灣革命運動竟然是由虎尾人發起策動，並在施明德眼中，認為應由阿扁總統追諡為台灣烈士，榮登忠烈祠殿堂的先烈。

這樣一個以虎尾人為骨幹起義的「三九事件」、「泰源事件」的班底，陳儀深教授就將它取名為虎尾團隊。可見虎尾人在近代史上的台灣民主革命運動中，是佔有極為重要的歷史定位和意義。

雲林在國府時代，也曾出現「半山」型的李萬居民主鬥士，以及廖文毅台灣獨立之父。李萬居是口湖人，廖文毅是西螺人，但廖文毅亦是虎尾惠來厝東光寮的大東家，與虎尾淵源深厚。日治時期，雲林則有北港的蔡培火為台灣的自治運動發聲。但他們追求的民主、自治仍都建立、停留在以殖民母國的統治認同的基礎之上，主要以體制內的議會運動、憲法屋簷下的自治運動，及至選舉運動等為手段，作妥協。

但虎尾團隊不同，虎尾團隊認為，台灣要能民主自治，已經無法從議會制度、選舉假象，或遵從其憲法國體的途徑中獲得。反之，一定要推翻國民政府，趕走中國國民黨，脫離中國，台灣才能建立民主自由獨立的國家。於是，虎尾團隊企圖採取武裝革命的計畫，發動三九起義，雖然失敗；但繼之九年後又展開泰源起義，可謂前仆後繼，死而後已。

虎尾這塊充滿正義之氣的土地，其實早在一六三〇年，就有流著同樣充滿熱血情懷的虎尾人為了捍衛正義，而不惜犧牲性命抵抗荷蘭人的侵略、掠奪，這樣的英勇事蹟，更早已是台灣捍衛這塊土地的第一人。因此，經過四百年的孕育，虎尾人順理成章似地終於以大規模的虎尾團隊之姿站上台灣民主大開大闔的舞台。

虎尾團隊是在一九六〇年由虎尾人張茂鐘、林東鑑、詹益仁、王錦春等數十人發起，他們分別從事黃金戲院的管理員，以及經營國際照相館等，研議以武裝革命的手段，推翻國府，建立獨立自主的台灣國，並延聘時任議員的北港蘇東啟為團長。遂計畫於一九六一年三月九日策動莿桐鄉樹仔腳砲兵營弟兄奪槍起義，但計畫生變起義未遂，唯仍遭逮補判刑，其中以蘇東啟被求處死刑最重，後在國際人權壓力下改判有期徒刑，於一九七六年特赦出獄，計服刑十五年。餘受刑或被關進政治犯的泰源監獄，直到一九七〇年，陳良、鄭金河等人，雖成功攜械越獄，但起義未果，仍遭捕捉槍決，年僅三十二歲，即為台灣犧牲，令人感佩。

虎尾團隊代表的是當時台灣的良心與勇氣，可說是回應了四百年前虎尾祖靈的正義精神，並且一次又一次的驗證了虎尾人為捍衛正義，而寧可犧牲的決心。確是台灣真正的民主鬥士，民主先鋒。虎尾團隊留下未竟的大業，不無是「民主尚未成功，台灣仍須努力」的呼喚。

4.傳說中『會過西螺溪，未過虎尾溪』的虎尾人溪

郁永和一六九二年從台南北上北投採硫磺途經虎尾人溪時，就曾在其《稗海紀遊》中記載牛隻「股慄」，致使隊伍不得不往上游河道較窄的竹山通過的歷險景象，這景象一如荷蘭人在一六三七年攻打虎尾人遭受到嚴重的挫敗一般，荷蘭人在《熱蘭遮城日誌》中說，「虎尾人溪夏日水流湍急無法渡過，冬天則仍水深及腰」，於是荷蘭人選擇冬天水淺平穩的季節攻打虎尾人。顯然，虎尾人溪一直是難於躍渡的「天然劃塹」，也是虎尾人賴以捍衛台灣的屏障和信心。

因此，從水文水利的角度觀察，百年前的虎尾人溪遠較今日壯大，平均三十年就「做大水」一次，溪流流路歷史變遷頻繁，流域面積寬廣，是雲林的母親之河、大地之母。虎尾人溪自一七二三年起到一八八七年期間，一直是諸羅縣和彰化縣的南北「天然劃塹」，並自一八八七年起才將濁水溪以南與虎尾溪本身等境域合併出一個縣，這個台灣發展史上最晚成立的縣，就叫做雲林縣。但在其後的十年，也就是一八九五年又被劃入日治時期的台南州，可說是台灣自主意識最短暫的一個縣份。

這條寬闊難渡的虎尾人溪，一直到一九一一年日本人為發展蔗作，才開始築堤束洪整治為新虎尾溪、舊虎尾溪，以及北港溪等三條溪流，其餘新生的溪埔地，不僅是當年日本春日移民村的新生地，更是今天農博虎尾主展場的所在地。滄海桑田，百年來我們都忘了這條大江大河的模樣，這就像我們都忘了虎尾在被日本人改正之前就叫做五間厝一樣，難予想像這條曾被荷蘭《熱蘭遮城日誌》描述成「夏日水流湍急，冬季水深及腰，難於渡過」的大江大河；這條數百年來蘊育包括嚮馬丹毒劑、武館拳術（虎尾二高師、西螺七欠）、搶匪劫掠等各種生動傳說中的生活體驗，豐富、再現了農博虎尾基地的精采人生——「會過西螺溪，未過虎尾溪」這句百年台諺。

虎尾大事記：

1637 荷蘭東印度公司擬於北風季節出兵對付虎尾人
1642 荷蘭人越過虎尾人溪趕走佔據基隆的西班牙人，西班牙人撤離台灣
1723 以「天然劃塹」虎尾人溪為界，設彰化縣
1765 五間厝大崙腳德興宮建廟
1782 「嚴禁奸保差借屍圖詐碑」（虎尾現存最早古文物，立於德興宮廟前）
1794 虎尾溪洪水氾濫
1795 虎尾溪為主幹流域亦叫吼尾溪
1802 虎尾溪因洪水分流產生新虎尾溪
1832 虎尾曾圭角之變，市街化為焦土
1873 虎尾業佃合築通濟圳（安慶圳）
1885 台灣建省
1887 雲林設縣
1895 雲林廢縣
1917 虎尾溪因洪水分流舊路於土庫附近
1930 嘉南大圳工程完成
1940 虎尾二高師
1950 新設雲林縣
1959 虎尾糖廠公園拓堤紀念碑：八七水災沖毀虎尾鐵橋，堤防拓建
1990 改編台西濱海休憩園區為麥寮六輕廠離島工業區
2006 游錫堃行政院長引「會過西螺溪，未過虎尾溪」典故致詞勉勵虎科大畢業生，「會過台大交

大，未過虎尾科大」

2012 蘇拉風災沖斷百年虎尾溪鐵橋

2013 東和鋼鐵公司贊助修復虎尾溪鐵橋工程

5．「會過西螺溪，未過虎尾溪」

虎尾武術大展：虎尾武術節，見證虎尾武術傳奇

周士翔原名周國村，二〇〇〇年結束水上國術館二十年的異鄉歲月，回到虎尾中溪里竹圍，投入西螺公館里的武術教學，並獲鍾政郎校長的青睞鼓勵武術與舞蹈結合，開啟他新的武術旅程。迄今他已獲邀在三所國中小教導武術課程，並獲聘為王淑媚舞蹈團武術指導教練，先後至法國、西班牙、義大利等歐洲國家巡迴演出。

虎尾不只是毛巾窩、毛巾的故鄉，和布袋戲的故鄉，更是一個聲名遠播，且揚名甚早的拳頭窩的所在地。早期又以虎尾二高師最負盛名，虎尾二高師指的是林國仲，他於一九四〇年從中國福州來台傳授縱鶴拳，於一九四四年被日本政府驅逐出境，日本戰敗離台，二高師再攜家眷二度來台定居虎尾。

二高師曾受聘於台中、嘉義、本鎮墾地里等地，尤其傳授台西客運董事長黃朝深家族、廉使林合順、三塊厝周清節等，更成為虎尾武術地圖以及在地傳承的佳

話。二高師逝於一九六八年，唯一子嗣林英明繼承父親武學，傳承台灣縱鶴拳掌門人之外，其孫為台灣縱鶴拳協會理事長，對於推廣武術不遺餘力。

另虎尾鎮公安里新興路鐵頭樣的太極拳亦頗負盛名，一九六〇年代在其住處開設「噓嘻體育道場」。門徒尾寮人林壯宇現住興南里，迄今仍教學不倦，體會武術至深。

近期，虎尾頂湳人陳明倫以一套自創的猴鶴雙形拳名聞天下，風靡日本武術界，曾被禮聘為日本警界的武術指導教練，並榮膺聯合國文教組織頒發的世界武學博士殊榮。

二〇〇〇年，我擔任西安里長任內特別邀請他返鄉，為他舉辦武學博士慶祝大會暨白鶴陣師兄弟大會師的慶典，一同請出五間厝白鶴陣開基的師兄弟，二十四位中健在的十三位，場面盛大，禮數週全，轟動一時。

二〇一三虎尾中元節繼去年的虎尾大展文化系列之後，推出武術大展活動，記錄出版盛行於虎尾各門各派的武學淵源，並廣發英雄帖邀請各門各派、廟宇陣頭、社區、社團、各里辦公處等，於中元節大型晚會中依報名隊伍多寡，排定表演時段和日期。重新開啟虎尾拳頭窩的名號，奠定虎尾武術故鄉的地位。

虎尾大事記：

1940 虎尾二高師由福州來台
1944 虎尾二高師被日本遣返中國
1946 虎尾二高師二度抵台並定居
1968 二高師逝，安葬於頂溪蘇家墓園
1975 虎尾二高師長公子林英明繼承父志成立全國縱鶴拳協會
1999 首辦西安里白鶴陣文化節
2000 西安里全國白鶴陣大會師
2000 穎川陳明倫榮獲聯合國頒發世界武學博士
2002 西安里白鶴陣代表雲林縣赴台東參加全國武陣大會師
2013 虎尾中元節虎尾大展之各家武術展演

6．虎尾鹿森林之台灣大地復育

四百年前虎尾曾是台灣最大的鹿場。

吳信華先生是虎尾埒內尾園人，早期在台北經商之餘，就格外關心家鄉事務，自然也是雲林旅外同鄉會的熱心人物之一。四、五年前在農業首都的號召下毅然決然返鄉在其尾園家鄉的土地上投入「我是農夫」的行動行列，開闢鹿森林牧場的養鹿事業，另起爐灶。這股衝勁，主要是他有感於家鄉土地和虎尾人溪的淵源，以及這裡曾是台灣最大的虎尾人鹿場所在地。

四百年前，荷蘭人占台不到十年時間，就與中國人狼狽為奸，將台灣的野鹿捕殺殆盡，每年出口至日本的鹿皮高達十五萬張之多，梅花鹿已有滅種之虞，直接衝擊虎尾人生存環境。面對空前的浩劫，一六三九年當時荷蘭人也警覺問題的嚴重性，並曾採取禁獵以及限制性的捕捉規定，讓鹿群得於喘息。但殖民主義對待土地的剝削惡習，仍一如以往沿襲在台灣漫長的四百年之中，迄今未曾獲得公平合理的對待。

如今，虎尾埒內尾園的「鹿森林」再現在虎尾這塊原本就是鹿群生活的樂土上，讓人們也可以從這次農博之中尚能一窺虎尾人溪上的原野裡鹿群奔跑的風情，以及稍稍慰藉我們是虎尾人能為這塊土地做點什麼的風骨。

虎尾大事記：

1630 荷蘭人與鄭芝龍締結商業與武力的合作約定，開始發給中國人捕鹿執照

1639 荷蘭人警覺鹿群滅絕之虞，採取禁獵以及限制性的捕捉規定

1887 雲林設縣（嘉義之東，彰化之南，自濁水溪始，石圭溪止，截長補短，方長約百餘里，擬添設一縣，曰雲林縣），縣治林杞埔

1935 日本在虎尾設立海軍航空隊基地，強迫遷移後壁寮、竹腳寮等地居民至今新吉里與三合里等地

1941 總督府向日本本土招募移民來台墾拓台南州新虎尾溪新生地

1945 日本投降撤離台灣，中國國民黨占領台灣

1988 520農民運動，訴求全面辦理勞保、免除肥料加值稅、有計畫收購稻穀、農會還權於會員、改善水利會、設立農業部、農地自由使用

2008 虎尾鹿森林成立

7．任誰都不能把地層下陷全推給農民超抽地下水灌溉

其實，母親河虎尾人溪的消失才是地層下陷的開始

二〇〇八年淡江大學水資源研究中心與雲林縣漂泊者自行車協會理事長張永新合作舉辦取名為一一九救地層，號召一百一十九位勇士騎乘一百一十九公里的環縣自行車防治地層下陷宣導活動，我亦受聘到台西國中地層下陷防治成果展示中心向各界與會人員負責導覽解說的工作。

而今，虎尾地區十年來地層下陷已達五十一公分，不只造成遇雨淹水的現象（為此著已爭取建設土庫竹腳寮抽水站、虎尾西安抽水站，並已規劃增加興建虎尾平和抽水站與虎尾滯洪池等），且已明顯危及高鐵行車安全，但中央不明就裡卻將矛頭指向農民超抽地下水，遂使封井之議引發地方反彈。

其實，深水井以及六輕集集攔河堰才是主要元兇。另長期而言，原是虎尾人溪

流域的河床乾渴了百年，長期沒有行水挹注地下水源，才是導致地層下陷的主因。

這次農博當可模擬四百年來的虎尾人溪流域變化，讓大家瞭解百年前的一九一二年日本人興建林內三號水門切斷虎尾人溪來自濁水溪的水源成為斷頭河，復加築堤束洪的結果，雲林的母親河虎尾人溪也從此消逝在人們的記憶之中，徒留「會過西螺溪，未過虎尾溪」的歷史公案，虎尾人溪消失了的這個改變，早已在一九五九年的八七水災中釀成虎尾街區的河岸潰堤、溢堤，而導致嚴重災害，隔年遂增加河道一百八十五公尺，並同時加長虎尾溪鐵橋的長度，足見與水爭地的結果已初嚐苦果，為此當時還特別興建「拓堤紀念碑」豎立在虎尾糖廠的同心公園內以為借鑑。因此，虎尾人溪的消逝正是雲林地層下陷的開始。

二〇一二年的莫拉風災湍急的溪流便再度以無情的洪水衝斷百年的虎尾溪鐵橋。這種現象無不一再警示世人，人與自然、人與土地必須取得平衡共生共存，才是未來整治地層下陷，同時還原雲林的母親河虎尾人溪流域的歷史定位；才是在農博虎尾基地上，我們應該得到體悟的道理：母親河虎尾人溪的消逝就是地層下陷的開始。

虎尾大事記：

1630 荷蘭人記載虎尾人溪
1723 清以虎尾人溪的天然劃塹地貌為界將以北分劃為彰化
1759 郭六才招佃開墾五間厝、平和厝、埒內、竹圍仔、大屯仔、番薯、北溪厝、湳仔、三合等部落
1886 以虎尾人溪流域為主劃設雲林縣
1912 日本人築林內水門切斷虎尾溪的濁水溪水源，虎尾溪變成斷頭河，並將新虎尾溪、虎尾溪等築堤束洪發展蔗作
1959 八七水災潰堤斷橋，虎尾糖廠樹立拓堤紀念碑
1990 興建集集攔河堰，42公里管線供離島工業區每日34萬噸水，濁水溪揚塵愈演愈烈
1999 虎尾區沉陷錐每年下沉速率8.2公分
2012 蘇拉風災沖斷百年虎尾溪鐵橋

8．虎尾春日移民村

日治時期日本人在全台設立二十三個移民村，其中榮村和春日村就設在虎尾的新虎尾溪南岸，約有一百五十戶，共約六百人，以務農和協助會社種植甘蔗。

鄭馬飛是下溪里三塊厝人，小學就讀過溪仔小學校時，學校曾派他們全班走了大約一小時的路程去現為頂溪里西園的春日村為日本移墾住戶勞動服務。當時，大部分住戶的男主人都被徵召去南洋服役的緣故，所以學生被分配成六人一組，為每一戶人家的庭院除草，協助打掃環境。

虎尾大事記：

1935 日本人移民虎尾榮村
1938 日本人移民虎尾春日村
1945 虎尾光復庄自西螺埔心程姓移住
1946 安溪里葉家圳移自彰化溪湖
1946 頂溪里西園、埒內里尾園移自各地新住民
2011 光復國小除入籍新娘的新住民增多之外，鄰近的虎尾中科園區多家日本工廠在闊別百年之後，日本人又來了，所不同的是這次來的都是日本的科技新貴、資本家

9．六房媽過爐與國姓爺建醮都在虎尾

據傳三百六十年前，六兄弟分居斗六大北勢、斗南、土庫、虎尾過溪仔、大埤等地，於是約定每年由爐主輪值供奉媽祖，日子一久竟成為地方宗教的六房媽過爐盛會，二〇二年六房媽回到睽違七十年的過溪仔股惠來厝，每次過爐吸引人潮年盛一年，一〇二年雲林縣政府與虎尾鎮公所更把這場全台三大的宗教盛會，提報文化部申請登錄為無形文化資產。

事實上，虎尾非常特別，虎尾除了東境之地有六房媽過爐的盛會之外，虎尾的西南邊延平里下南也有鄭成功國姓爺的建醮，兩個宗教盛會都是五年一度。

但不同的是，前者過溪仔股涵蓋中溪、下溪、頂溪、惠來等四個里十四個庄頭，每個庄頭都得經過七十年才輪一次紅壇爐主，而國姓爺建醮則專由延平里的下南一個庄頭承擔。國姓爺目前是由虎尾下南、四湖廣溝等五個地方輪值供奉。

10．虎尾：台西客運的起點

台西客運成立於日治時期的一九二七年，昭和二年。時名西崙自動車株式會社，社址設於西螺街。一九四一年十二月合併台西自動車株式會社、台灣軌道車株式會社、中南自動車株式會社等，成為西崙自動車株式會社，社址設於虎尾郡虎尾街。

一九四三年二月改名台西乘合自動車株式會社，由黃朝深出任社長。一九四四年以虎尾街為中心起點的路線已多達九條之多，幾乎涵蓋今天雲林縣境內各鄉鎮市區。

一九四六年四月改為台西公共汽車股份有限公司。一九四八年奉公路局指示改名台西客運公司，並於一九五〇年報奉經濟部核准。

董事長黃朝深住居虎尾鎮墾地里，迄今宏偉宅院的樣貌仍可一窺當年家道鴻運的盛況。包括請歌仔戲班演唱學戲，以及敦請武術老師虎尾二高師等前來授課等，但觀台西客運的崛起便充滿傳奇。

虎尾大事記：

1927 昭和二年，創設西崙自動車株式會社，社址設於西螺街
1941 12月合併台西自動車株式會社、台灣軌道車株式會社、中南自動車株式會社等，成為西崙自動車株式會社，社址設於虎尾郡虎尾街
1943 2月改名台西乘合自動車株式會社，由黃朝深出任社長
1948 奉公路局指示改名台西客運公司
2011 虎尾鎮公所設立一輛免費公車，並建置免費自行車50輛
2014 台西客運站規劃由林森路移至圓環信義路轉運站

11．虎尾：台灣鎢鋼大王的故鄉

墾地里是緊鄰這次農博展場的社造亮點，也是雲林縣第一個申辦成功的農再社區，它分有墾地本庄、海墘厝、北新庄仔、光復庄，以及光復國小等五個村庄，是虎尾面積最大的一個里。同時也是虎尾早期藥草種植和甘蔗的原料區，現在藥草沒落了，蔗作農場也因改為虎尾中科園區而消失了。

但不變的是這裡的人仍保有勤奮的傳統精神，很多人出外打拼都有成就，其中廖萬隆就是數一數二的台灣鎢鋼大王。廖萬隆家居光復庄，以製中藥醫病起家，家人曾應患者要求北上台北開業，聲名遠播享譽東南亞一帶，轟動一時。

廖萬隆則從事鋼鐵冶煉，數十年間發展立足台灣成為兩岸的鎢鋼大王，亦可說是虎尾的傳奇人物。

12．美夢成真

千里步道之虎尾騎鐵馬追火車：

虎尾生活首都，鐵支綠道（工程案）：穿越時空遇見嘉南大圳、台糖小火車與高速鐵路

八十年前，藤山雷太第二度來到虎尾遇見嘉南大圳、台糖小火車時就驚奇的大呼「萬頃蔗園燻午風」。現在，千里步道騎鐵馬追火車的奇景，就是在虎尾穿越時空遇見嘉南大圳、台糖小火車與高速鐵路的世紀經典畫面，一連串的景緻教人驚奇連連。

八田與一在一九三〇年完成嘉南大圳灌溉系統，這套系統從林內經過虎尾再往南到烏山頭水庫長達一千多公里，將雲嘉南平原改善變成台灣的穀倉，蔗糖的原料

區。其中經過虎尾的部份，東邊從惠來厝起到西邊的延平里全長約十三公里，橫貫整個虎尾精華市區。

一九三五年大日本製糖株式會社顧問藤山雷太在其著作《萬頃蔗園爊午風》一書提到他第二度視察虎尾，並搭乘馬公厝線糖鐵五分仔小火車親赴褒忠為龍岩糖廠開幕題字「臥龍山」。那一天，從虎尾糖廠出發途經今北溪里高鐵橋下時有感而發謂，日本統治台灣，但也貢獻綿密的鐵路網，解決民眾交通的問題，他並讚嘆與馬公厝線糖鐵並行的嘉南大圳馬公厝支線等工程的鬼斧神工，以及虎尾一帶農場饒富「萬頃蔗園爊午風」般的愜意。

藤山雷太眼中的偉大工程，係從虎尾糖廠分出的九條輻射狀糖鐵路線，這幾條糖鐵陸續於一九〇六年起興建，一九一一年縱貫線火車虎尾支線也已經過虎尾溪鐵橋順著斗南線的糖鐵路線開進虎尾。而嘉南大圳則較晚興建，遂有水往高處流避開糖鐵的水圳地下化工程的奇特景觀。

這些百年的偉大工程地標，都將把她收錄在虎尾鐵支綠道的十三公里虎尾小環鎮自行車道，讓世人得以一窺西螺線墾地集蔗埕的分叉狀地景，和高鐵與糖鐵時空交會的世紀經典畫面。

虎尾大事記：

1906 虎尾九條輻射狀的糖鐵路線陸續開始興建
1911 縱貫線火車虎尾支線
1930 八田與一完成嘉南大圳灌溉系統
1935 大日本製糖株式會社顧問藤山雷太著作《萬頃蔗園燻午風》
1940 大日本海軍虎尾航空基地成立，日本神風特攻隊的故鄉
2002 高鐵高架橋經過糖鐵馬公厝線與嘉南大圳馬公厝線
2006 鐵道行腳抗議糖鐵西螺線虎尾中科園區段被拆毀
2007 千里步道虎尾鐵支綠道馬公厝線騎鐵馬追火車
2014 虎尾鐵支綠道小環鎮自行車道完工通騎

13. 虎尾棉花田

鄭宗坤先生是埒內老人會鄭會長的公子，鄭會長以前用於畜產豬隻的養豬場在口蹄疫之後就宣告歇業，而成為鄉村破敗的慣有景象，是農村的終點站。但在鄭宗坤的眼裡卻是別有一番作為的新契機。

鄭宗坤隨著農業首都的號召，加入我是農夫行列的第一個農事工作就是在自家荒廢的田地裡，研發種植有機的水果玉米。但是他慢慢發現一個好玩也是一個非

常艱難的課題，即埒內作為虎尾毛巾的故鄉，農夫應該有什麼作為？回應地方的需要，以及身為農夫的社造精神在那裡？經過幾個月的摸索、探究，鄭宗坤找到自己的答案，但卻是家人一致反對的答案。

他想種棉花。從復育一甲子的棉花田，到有機無毒的毛巾，鏈結、重振虎尾是毛巾的故鄉。小時候鄭會長看過埒內有棉花田，但那是一甲子六十年以前的事了。現在，不只沒有棉花種子，也不知道怎麼種。尤其，棉花已沒有經濟價值，吃力不討好，家人百般勸止。

宗坤面對壓力，卻仍不屈不撓地到嘉義大學、台南農改所，以及雲林社大農經班等取經、學習。他心想，有機無毒的水果玉米在大家都不看好，且等著看笑話的狀況下都能走出陰霾了，更何況種植有機無毒棉花的構想，是更與家鄉的味道接近，更與社造的精神相符的一種志業，何樂不為。

於是，二〇一一年的夏天他在自己的土地上種下從網路購得的棉花種子，並順利在兩個月之後開出第一朵棉花，是虎尾埒內睽違一甲子之後的第一朵棉花，更是虎尾的第一畝棉花田。

二〇一三年四月六日，星期六上午，紀政受虎尾鎮公所之邀，第三度蒞臨虎尾為虎尾建國一村的綠色隧道假日市集開場，並為年底的農博暖身，帶領上千多位鎮民朋友健走。主辦單位為了答謝紀政，特別致贈她虎尾的毛巾禮盒，頒贈典禮上打開精緻的禮盒，禮盒內右邊有兩條摺成蜂蜜蛋糕狀的粉紫色毛巾，左邊底部則有一只瓷杯，但眼睛來不及品味瓷杯上的美麗圖案之際，紀政眼神早已被瓷杯上頭的一朵棉花，活生生的棉花所吸引。這只有一個答案，這是鄭宗坤的棉花，是埒內人的棉花，這消失一甲子的棉花，已從最基底的原料到文創商品的再現。

六十年後的今天，埒內的子弟擦出自己夢田裡的火花，再造埒內光榮的史跡，創建虎尾毛巾故鄉的理路，並提前印證人、土地，和物產之間和諧、友善的幸福鐵三角。

虎尾大事記：

1960 上海顧姓家族在虎尾埒內開設中大棉織廠
1980 中大結束營業，員工分支創業約六十多家毛巾廠，毛巾產能約佔台灣市場百分之七十以上
2007 興隆轉型觀光毛巾工廠
2011 鄭宗坤在埒內老家種植一分多地的無毒棉花田
2012 鄭宗坤與穎創合作生產棉花毛巾禮盒
2013 鄭宗坤開展溫室的無毒棉花田、胡瓜綜藝大集合專訪

2014 穎創開設毛巾蛋糕咖啡館

14．頂溪屋頂上的躲貓貓

兩年前虎尾鎮公所社造中心推薦頂溪社區參加縣文化處的社造點計畫，榮獲故事繪本獎，是虎尾二十九里當中的第二個里的得獎繪本，風光一時。

一年多前，我三度鼓勵蘇理事長善用繪本故事裡的貓主人來打造別具特色的貓主題，讓屋頂上的貓真正活起來走入社區，而不只是一本束諸高閣的書。

這個提議，主要是考量到蘇坤福理事長的能力、潛力都綽綽有餘，第二，一個社區的特色仍須經過設計，掌握主題，發展主題，聚焦主題，屋頂上的貓已足作主題之用，第三、作者是蘇理事長的公子，更有能力和意願來協助完成這項不可能的任務，同時愛屋及烏也能創造另一番的新事業。

三年來，頂溪社區宛如脫胎換骨般的後來居上，已分別領先上完農再課程，並準備提出工程計畫案，按部就班完成文史踏察及社造的訓練，引進社區大學四學期的社造研習，開創闢建四個社區公園，其中包括一個佔地二甲的公墓改建公園，請領地檢署社會勞動服役者整理社區環境綠美化工作等等，並舉辦多項社區活動，且多次榮獲社造表揚。

但不知能力超強，條件具足的蘇理事長還在猶豫什麼？以我的信念，只有一個，以北溪的經驗為例，畫不好頂多重來，貓做不漂亮，也頂多壞一個再試。

一再鼓勵。蘇理事長開闊的社造人脈，終於尋求虎尾科大大專生迴游計畫的協助，漸漸開展屋頂上的貓的故事，從窳陋貓空間的建造，到屋頂上的貓的藝術作品裝置，到阿廖駐村藝術家計劃佈展的雕塑貓公園，以及到最關鍵的田姓社會服務役者的加入，開始有貓的濕壁畫的出現，第一幅完成就造成網路上轟動，開始出現慕名而來的遊客，直到現在已經人滿為患，壁畫也已經多出六幅，居民則已接著提議應該畫的更多，且應該畫這裡，應該畫那裡的呼聲也早已經不絕於耳。跟原先不看好的冷眼態度判若兩個世界。

人潮來了，社區卻慌了。部分居民抱怨行車不便，並曾對著遊客數落，一度釀成緊張尷尬的狀況，有失地主之誼。

人潮來了，攤販也來了。雜亂的攤販不只沒有美感，還佔地為王，影響交通動線，販售的食物商品也不盡衛生標示，遊客也無法獲得品質保證與服務，甚至讓景點失去了焦點。

站在公部門的角度以及推波助瀾的催生者來看，人潮來了，漂亮的壁畫卻已經把路面、水溝、電線桿、燈桿、標線等毫無美感可言的醜陋、雜亂的公共設施比了下去，令人汗顏。公部門應該適時的進場，提供專業的診斷處方，讓週邊的公共設施也同樣漂亮起來，讓觀光客的凝視可以是全方位的，而不只是選擇性的凝視，同時應讓地方成就更美好的良性循環，也就是必須回應地方的努力和付出，並能有所回報。

可是凝視是一項專注的「來電」，與周遭的缺點無關。甚至，因為缺點的改善而可能失去凝視的依據；因為缺點的重整而可能分散凝視的專注。虎尾鎮公所的社造中心正陷入進退之間的長考，這鄉下散發藝術的品味，是不是因為公共設施的落差反諷而凸顯她的美麗與哀愁，這弔詭的氛圍是不是正中遊客的喜愛，還是讓社區帶動公部門的提升也是一樁美好的故事。

總之，頂溪的未來，現在才正開始。頂溪除了硬體軟體等施設之外，管理這門學問也才剛要上場，這攸關社造成果的永續和確保，這當中舉凡攤商管理、擺攤公約、假日志工、志工培訓、組織分工、產品包裝、活動設計、流程安排、明星計畫、公關活動、財源開發、財務管理、行銷管理、資訊管理、交通管理等等，都得重新開始，而且必須馬上就定位，否則失序之後就難回轉，更奢談管理。

因此當務之急，不是生產什麼？不是販售什麼？或要賺什麼？而是遊客能凝視什麼？「來電」什麼？社區能給她帶走什麼？以及回客率多少？

為了未雨綢繆，虎尾鎮公所特別召開頂溪工作會報，會中決論：

1 由社造中心協助完成設攤公約草案，內容包括攤位規劃、設攤資格、評審委員會。

2 由工務課研擬公共空間改善工程案，內容包括路面鋪設、水溝改建、街道傢俱、路燈美化、交通標線等。

3 虎尾人導覽解說協會先行駐點輪值導覽解說，並充當社區「招待」工作。這些工作都十萬火急，制度的建立，遊戲規則的訂定，架構的完備，都是公所、社區，與里辦公處責無旁貸的責任。

但不管未來如何，其實頂溪的成功，已經宣示建設的意義，在於點子在於創意，而不在金錢經費的競逐，這點非常重要，相對於斗六太平老街前後共花了上億元經費施作路面鋪設、街角造景、街道傢俱、藝術街燈、統一招牌、資訊看板等等，結果因未帶來人潮，商店住家還得受罪路面破損顛簸的窘境，虎尾「屋頂上的貓」的成本效益可見宏效。

斗六太平老街，浪漫的舖面想像仍然敵不過現實的匠氣柏油，現在熬不過店家的抗議，公部門好像也火大了似的終於再次大興土木回覆原貌，把整條街的舖面全部敲除，把太平老街打回原形，可說兩敗俱傷。斗六太平老街一開始即以各地幾乎是標準化的造街思維，並以爭取最多的造街經費為榮，在無社造底蘊的基礎上，誤以為有了漂亮的硬體，就會有人願意前來，結果事實勝於雄辯，光是硬體是無以為繼的，只有不時的軟體活動，才能吸引人潮刺激買氣。

但頂溪則從社造的另一端開啟迎接遊客的大門，見證遊客之所以願意遠道而來一睹頂溪的貓的風采，是因為「凝視」的「來電」作用發生了奇妙的變化，遊客只專注在貓的作品身上，而無視於路面不平、水溝不清、燈桿不美、電線雜亂等等好多好多的缺點，一如男孩、女孩互相來電，凝視中已經渾然忘掉一切的缺點，而且這些缺點你根本不必掩飾，也無損於對方的追求和喜愛。這就是凝視的魅力，這就是特色吸引人的地方。

頂溪不必花一億的經費造街，也不用花掉千萬、百萬的經費競逐在做水溝、鋪柏油、裝路燈的耗損式的零星式工程身上，就已經成功的做到大家想要吸引人潮的效果，並且印證人潮就是錢潮，「人腳印會肥」的鐵證，也再一次宣示社區的社造工作不只是文化的工作、人文的工作，實際上她是產業的工作、就業的工作，是一項以文化提高產值、加值生產的工作。頂溪隨著北溪的腳步，再次為「生活首都，幸福虎尾」的現在和未來向世人宣告，頂溪魅力凡人無法擋。

15．埒內228木棉花牆

虎尾埒內素有毛巾窩之稱，換作現代用語的意思，就是毛巾的故鄉。但埒內已一甲子不產棉花，毛巾的棉花原料都是從國外進口。當然，埒內也不是因為生產棉花才產製毛巾，埒內之所以是毛巾的故鄉，主要是全台百分之八十的毛巾來自虎尾七十多家工廠生產。而這些工廠又多來自於顧家中大毛巾廠解散之後的分支。

一九五〇年上海顧家來台便落腳雲林虎尾的埒內開工廠生產毛巾，當時吸引很多離農青年男女的投入。每個人習得一技之長，便以工序所長發揮在生產作業流程中的一環作用，而成立公司工廠，鏈結成互補工序的上下游生產共同體，每一家都是息息相關的生產鏈，連帶的七十幾家的公司工廠就像一條生產線上的環結，榮辱與共，休戚相關。

二〇〇六年，反傾銷運動，強化了毛巾協會的功能，地方爭取到高關稅的保護，預計兩階段實施至二〇一七年。但眼前受保護的榮景假象在光采之後的隱憂，恐怕會變本加厲衝擊新添的設備投資，屆時加上服貿協議的退讓，終將加速毛巾業的景氣惡化，也等於是虎尾榮景的退化。這是社造者對地方發展應有的認識與危機感。

因此埒內何去何從？埒內早期可以說是養豬業的大本營，八十六年受到口蹄疫情的影響，多家業者紛紛關門歇業，另謀他途。直到現在養豬業已明顯沒落，加上環保意識抬頭，養豬行業已大不如前，但代之而起的是毛巾業的東山再起。

但單靠毛巾觀光工廠仍無法彰顯埒內的魅力，鄭宗坤深深體會這層意義，於是他結合社造精神與地方產業，積極將毛巾推上上游的農業生產經濟，將自家的五分地改種棉花，並用溫室培育在埒內已失種一甲子的棉花樹，計畫從無毒、有機的角度切入毛巾原物料的生產，將供應鏈在地化，將毛巾的故事從成品推向最上游的原物料。打造一個複合毛巾原料的棉花觀光農場，增加遊客的知識性、觀光性，和消費性以及創造虎尾整體一日遊、二日遊的機會。

現在，鄭宗坤棉花已成功打入毛巾禮盒的市場，更把紀政蒞臨虎尾時的焦點凝視在禮盒內的一朵棉花身上，這朵棉花已深深打動遊客的心，也深深建造起毛巾不只是毛巾的單一概念，為棉花農業找到新的商機，也為毛巾工業找到新的生機。

埒內的活力已透過社造的方法，將毛巾產業的景點串連。但林聰發想要串連的埒內還包括水堀仔、拱雲宮、埔壟、神木大將軍，以及全台獨一無二的二二八三姓公廟，六年多來，林聰發已成功營造原來髒亂的水堀仔變成潔淨漂亮的生態水塘，提供里民休憩環湖運動的水公園；而三姓公廟也已成功結合改造鄰近雜亂的墓園，建設成為虎尾埒內二二八紀念生活園區。

其實，埒內社造的成果已足於吸引遊客的駐足凝視，但奇怪的是，目前除了毛巾觀光工廠之外，還是不見遊客願意賞光，即連水堀仔邊由鄭元東老師策劃的一長串木棉花彩繪牆，仍無緣吸引眾人的目光。這種「反常」的現象令人百思不得其解。難道，台灣二二八的故事被隱諱埋葬；蘇東啟虎尾團隊的革命事蹟被遮掩扭曲，現在人們難於回應二二八的真相，也難於承受二二八的苦痛，於是人們選擇忘記，忘記應該記取教訓的歷史。

但如今火紅的熱血還在淌流，這股熱血已從英挺的木棉花樹一路延伸流淌到埒內的木棉花牆。台灣二二八木棉花情人樹牆，這個取材自鄰近228紀念生活園區裡頭碩果僅存的兩座私人墓墳上長的高大、挺拔、蔥翠、雄偉，且正雙依雙偎的木棉花樹，這對情人樹想必目睹過蘇東啟虎尾團隊的英姿；聽聞過白色恐怖事件中虎尾人的哀泣；見證過埒內人收埋「三姓公」受難者的勇氣；呼吸過虎尾埒內的空氣中瀰漫著涵養的民主。

這些時代的悲劇，換不回的愛情，鄭老師以木棉花樹的黑枝葉代表苦悶、悲淒，以木棉花的火紅花朵象徵熱血、進取，再臨場中施以極盡抽象的大點畫技法，從駐點觀察、討論、共識，到打稿、描圖、彩繪等一連串的在地操作，造就了這一幅台灣二二八木棉花牆，訴說著埒內百年來另一番風起雲湧的故事。

這故事要跨越時空，從虎尾圓環的跑馬場（今圓環停車場），披星戴月轉進埒內公墓（今虎尾埒內二二八紀念生活園區）的三姓公廟追思之後，循228散步道仰望墓墳上的木棉花樹，這木棉花樹高聳挺拔相依相偎，宛如兄弟樹、情人樹般的矗立在時代的浪頭上，俯視著來往過客，每年三四月，當火紅的木棉花朵盛開的時候，水堀公園的木棉花牆便一一重述這道滾紅熱血的軌跡，及民主盛開的花朵，是如此的壯麗。這是一種體驗，民主百年追求的落腳、印記。

16．堀頭彩妝穀糧畚

堀頭社區是所有虎尾的里鄰社區中開發經營最多社造公園的地方，里長還曾為了起造一個公園的同意書，台北高雄奔波二個多月蓋了三十多個印章，才終於完成林務局補助的雷雲園，把大家都認為不可能的任務，變成可能。現在，社區裡總共有八處各具巧思特色的社造型公園，不僅里民有更多乘涼聊天休閒的好去處，也真的把社區環境美化了起來，風景漂亮，人也漂亮了。

堀頭里只有一個庄頭，人數也不過上千，這麼小的社區就有這麼多的公園，難怪很多其他社區的居民稱羨。住在堀頭里庄中紫雲寺旁的鄰長就很有自豪感的說，房價都上漲了，時常看到很多外地的人來拜訪參觀，就知道本里很有面子。

李萬壽里長已連任第四屆，這一屆同時兼任社區發展協會理事長，三年多來開了竅似的，狂推社區營造工作，成功帶領里民申辦水保局農再課程及計畫；爭取縣府文化處社造點評選；林務局植樹綠美化興設公園；環保局社區整潔評鑑等，可以說這三年來判若兩人般的舉凡與社造有關的社區經費活動等幾乎無役不與，創下了虎尾各里中推動社造工作頻率最高的記錄，同時也是營造最多公園的社區，里民所能享用的綠地面積比率最高。

兩年前，堀頭里也曾榮獲《拾荒阿嬤》的優等繪本創作獎，但比這個故事更真實的古亭畚（穀糧畚）活在社區裡的數量、密度和完好的狀態都是別人無法取代的事實。全庄二十六個古亭畚，現在里長請來駐村藝術家逐一要為每個古亭畚施以個性化的彩裝。這個構想，就像紐約街頭的銅牛雕像，被複製出無數隻相同的牛隻，但不同的藝術家賦予不相同彩裝風格與色調的牛樣，將紐約各個街頭裝扮的熱鬧、藝術，並象徵股市大發，大吉大利。

期待，穀市大發，大吉大利。堀頭里的「穀糧畚」也能如紐約的彩牛，為堀頭里民帶來豐衣足食，帶來人潮，形成觀光客凝視的虎尾新嬌點。

17．主題公園

虎尾彩虹剪紙藝術村，從質變到量變的社造魅力

鄭元東老師是虎尾科大的駐校藝術家，二〇一一年受虎尾鎮公所清潔隊的邀請，將北溪里龍安宮前的巷道兩側壁面彩繪成白底大紅色的剪紙藝術村，一時間聲名大噪，吸引來自各地好奇的觀光客慕名而來，讓這個原本寂靜孤單的村庄頓時成為人來人往，加上各式專業像機拍照的焦點。

這種現象出乎意料，也再一次驗證社造的魅力凡人無法擋。里裡原本談論反應

爭取的多以水溝、路燈、鋪柏油等看作是愛護地方、建設地方的議題，現在自從彩虹藝術村的名號打響之後，大家反應的已是晚上怎麼逛村欣賞彩虹村美麗的夜晚，廟埕怎麼舉辦月光彩虹週末音樂會，假日怎麼號召環保志工隊出來掃地維護藝術村的整潔，怎麼設置生活館，怎麼建置社區圖書館，怎麼接待外賓遊客等等，現在大家所想的是一些自己能為社區做什麼的工作，或是自己能動手做些什麼工作等等的探討。

看得出來，這個村庄已經從質變產生量變，已經從叫別人應該來為村庄做什麼，改變為先問自己能先完成什麼；已經從原先都集中在水溝路燈鋪柏油的舊思維改變為怎麼讓村庄亮起來更具特色；從以往「發誓給別人擔」，改變成到現在「好漢做事好漢擔」自己當家作主寫計劃，將村庄綠美化，角落公園化，社區美學化等等，村庄談論的話題都是充滿著正面向上的公民議題。

18．農博之後，重返虎尾人（Favorlang）的榮耀

四百年前住在這裡的虎尾人，每天看著溪水清澈見底的虎尾人溪，並以豐衣足食的狀態獵取野鹿肉為生，過著與世無爭的生活。但諷刺的是，四百年來經由人類的努力，反而把人、土地與物產的關係變得複雜、緊張。因此農博不僅在定義今天

的成就，以及未來的可能和期許，更應穿透時空理解人、土地與物產之間的連結，找到自己的幸福。

「虎尾人之謎」一向是歷史的一道謎題，是找尋曾經捍衛台灣第一人的謎題，是住在這塊土地上的人，一生待解的謎題。所幸，隨著農博首揭探索人、土地，與物產三者之間的關係，再翻開農博虎尾主展場地四百多年的歷史，這裡未嘗不是前生今世幸福鐵三角的最佳寫照。

二〇一三年五月原住民委員會展出一批四百年前的荷治時期史料，其中平埔族的虎尾人語曾為當時全台推廣傳教的語言之一，而虎尾人語區就在今虎尾一帶。因此有關這個台灣第一次的農博，有必要從虎尾這塊土地說起，並還原部分台灣史觀，讓雲林重返消失的榮耀。

根據一六三六年荷蘭東印度公司《巴達維亞日誌》的記載，當時形容虎尾人溪為夏日水流湍急無法通行，冬日亦水深及腰，難於躍渡的大河。一七二三年，清朝就以虎尾人溪為界，自諸羅縣分出彰化縣。一八八六年則以虎尾人溪流域為主新增雲林縣，因此，虎尾人溪實為雲林的母親之河。

其次，一六四〇年代，荷蘭人發給獵鹿證收稅，並保護中國人在虎尾人語區的台灣最大鹿場濫捕鹿群，年外銷日本十多萬匹鹿皮，不僅嚴重危害虎尾人賴以維生的資源，並已造成鹿群滅絕的危機，因此虎尾人起而捍衛自己的權益，誓死抵抗中國人、荷蘭人，是為捍衛台灣主權的第一人。

再者一六二四年，荷蘭人佔領台南安平。但實際上早在一六二一年，鄭芝龍、顏思齊既已登陸雲林笨港（北港），並成為開台的第一站。

雲林這塊土地四百年來蘊育過許多傳奇故事，但隨著虎尾人溪這條大江大河的消逝（現已被整治成新虎尾溪、舊虎尾溪、虎尾溪，和北港溪等），人們也隨著失去大河的記憶，大地也隨著失去丰采。

二〇一三年雲林農博，則提供我們重新審視雲林這塊土地的機會，這或可把我們遺漏掉的記憶補齊，帶領我們重返歷史的榮耀，從土地找回失落的希望，從雲林找回台灣的未來。

第四章：二〇一六台灣要進步

二〇一二年總統敗選，對民進黨而言就像一場夢魘，噩夢中恍如有十六個問題「哄」他，走向了失敗之路，不只輸掉了總統，還輸掉了台灣。民進黨的未來要能不是夢，還得仔細拆解這十六個需要進步的問題！

1．進步！問題在名詞，不在形容詞

選總統不比選民意代表，選民意代表最起碼都會譜個政策性的目標或方向，如加速設立虎尾高鐵站、遷建虎尾自來水廠、爭設虎尾汙水處理廠、或建設虎尾布袋戲傳習藝術中心、主辦二〇一三年全國農業博覽會等等；而選個地方首長也會為地方劃定施政藍圖，如海洋城市、農業首都、小至鄉鎮首長，也可如「生活首都」等一個清楚的政策方向，如此不外就是選用個「名詞」，讓選民一目了然。

但可惜的是大家到現在都還不知道「現在決定未來」，或「台灣NEXT」是什麼意思。當然更不曉得民進黨總統候選人的葫蘆裡賣的是什麼藥？而「未來」是什麼？「NEXT」在那裡了？這個文字遊戲確實玩得天真、冒險、離譜。而且是一個比形容詞的成份還抽象的形而上詞，它只能說滿足了書生性格或理論探討上的旨趣，或是自我感覺良好的另一典範，卻無助於選民在政策目標上的捕捉、定位，或錨碇。

因為失去了主題方向，縱使後來有十年政綱的提出，也令選民不感興趣、不敢恭維，當然也擾動不起社會上的討論。更何況一任是四年，不是十年；選民怎會坐視一個四年任期的總統管成十年的太上皇。尤其選戰最後，當「台灣共識」遇上「九二共識」一時，先不論其是非對錯，光是安定的名詞與不安定的形容詞的對決，就足於分出勝負。

總之，整起選戰都在「考」選民什麼是「現在決定未來」，什麼是「台灣NEXT」，還附加上什麼是「台灣共識」，好像在玩弄、唬弄選民一般，其實這些問題是候選人的功課，不是選民的問題；是攸關台灣人實際安身立命的問題，不光在建構理論旨趣的探索。但結果卻本末倒置，當學生的竟教起老師；作僕人的竟教起頭家來。其中儘管有三隻小豬和台灣羅賓漢的插曲，但這艘船仍不免注定要飄邋、游移，或不知去向了。難怪，這次敗選不是只差一哩路，而是差了一條河。不只輸掉總統，還賠上了台灣。

2・進步！問題在社造，不在里長

二〇一二年民進黨總統敗選，檢討聲中黨籍村里長太少，也是被認定基層太弱的原因之一，於是如何培養鼓勵參選基層的村里長以鞏固基層實力，隱然又是老調重彈，也是未來一項挑戰。

如何抓住村里長當然重要，可是，村里長若不經營社造的話，我們只能洩氣的說，他可能有助於選舉，卻無助於台灣的著力生根；他可能有助於自己的權勢，卻無助於村里民的福利發展。

其實，村里長是最基層的意見領袖之一，而村里長的社會政經功能大致有三：

1 推動地方基層建設。
2 發展地方福利產業。
3 落實精神倫理建設。

但綜觀全台八千多位村里長中都能確實瞭解，乃至貫徹執行這些工作的可能有限，難怪村里長最大的功能一般都被誤解成只是樁腳、選舉的工具，或只淪為買票賄選的工作站，變成政府與選民都又愛又恨的地方勢力。

這些人到底能提供什麼樣的基層服務，其實絕大多數是基於選票和私人的利益考量出發，從強求人事、仲介經費、到媒合建設、然後勾結成為新的生命共同體；有計畫地透過做水溝、路燈、鋪柏油等簡易、零碎式的建設，或自強活動向選民示好綁樁。這一套賄選的模式，簡單地說就是營造「有在做」的假象，然後美化買票為走路工；合理化賄選為幫助認真做事的人，創造樁腳行銷賄選的有利口碑。

這是一套不能說的秘密，很多村里長嚐過這種有吃又有拿的甜頭當然樂此不疲。相對於勤於往下扎根，自主營造做好這三項工作的村里長來說，這可是一條孤單的路。但一個村里社區的幸福度卻可以從其是否完整推動這三項社造工作的程度得以區分，為已社造、社造中，和未社造等；這就像已開發、開發中，或未開發的國家一般，高下立判、生活品質立見。

龍應台曾說，與其打電話請託里長，不如直接打給公所交辦，還可以省下一塊錢電話費。確實各地公所提供的基層服務已愈來愈齊全周到，從路平、垃圾、水溝，到路燈等問題幾乎都有專人服務，實在不必勞煩村里長跑腿，發號司令。至於投資性的建設，現代的公所更是枕戈待旦，不落人後。

因此就村里長的現代性功能而言，確實應該回歸到村里自治的生產福利，以及文史特色的課題。也可說是重返七〇年代，當時另闢社區發展協會的濫觴，正是因為村里長的功能無法正視滿足這些唯有村里社區才做得到、做得真的社造工作，只好另闢、冀望社區發展協會的途徑。但不幸的是，台灣目前進行社區總體營造的社區亦寥寥可數。開展社區組織本欲補助村里辦公處的不足，結果換來的是雙雙怠惰的雙頭馬車，一事無成，使台灣的自主活力雪上加霜。

因此就民進黨愛台灣的使命感而言，應該是深耕一個會認真社造的村里長，而不只是去攻佔一個村里長的位置，或去搶奪一份村里長的「薪水」，才不致流於中國國民黨只圖綁樁的一丘之貉。

一九九四年台灣展開首波的生命共同體概念，啟動社區總體營造迄今已近二十個年頭，現在則已朝向鄉鎮型的總體營造進階，並開啟農村再生條例的龐大經費供做社造之用，但遺憾的是這些經費已又被綁樁式的套用賄選的模式蠶食鯨吞，形成循序漸進的社造村里最大的諷刺和打擊，不只破壞遊戲規則，更淪喪社造精義。

民進黨號稱本土政黨，應按部就班選擇、鼓勵社造型的村里社區，從一而終。

因為要餵飽未社造、未開發的樁腳型村里長，一定不會是民進黨的專長強項，而選擇一個盡責有理念且有前瞻性的社造型村里長才能深得民心，才能可長可久，才能開發、創造在地的生產福利、基層建設、精神倫理，及至六星計畫等，台灣的主體性才能上下一氣，得以伸展。

3．進步！問題在公民，不在樁腳

二〇一二年民進黨總統敗選，部份認為輸在樁腳。其實，不管樁腳太少需要廣佈，還是太弱需要加強，都不是民進黨應該努力的方向。

相反的，民進黨的支持者大多以理念型為主，出錢出力，儼然是一股公民社會的雛形。因此，民進黨應繼續朝這個方向努力，擴大建構一個有能力熱心參與公共事務的公民場域，讓更多的選民能展現理性論理的意志，免於樁腳的制約，和惡勢力的戒嚴。這樣民進黨才能贏得總統，同時贏得這個健康的國家，也才不至於在選後被樁腳綁架。

其實，經營樁腳是一件耗時耗財耗力的傻事，根據中國國民黨的經驗顯示樁腳不只平常須聯誼走動，緊要的選戰關頭更須挹注經費，甚至是賄款，或許有人會問，既然是自己的人，怎麼還須賄選呢？原因就出在普遍定義上的樁腳，是一個利益的樞紐，這裡頭的利益假如是公共性的建設或服務，那只是為買票賄選的管道奠基；若是私人性的建設或服務，那就能獲得經費或拉票，甚至是協助買票等的回饋。由此可見，養樁腳不易。更何況民進黨根本沒有那些黨產或資源來搞誤人誤國的勾當。

再進一步說，民進黨若有此等資源，願意這樣綁樁嗎？而台灣的未來是要以這種方式決定的嗎？相信每個政黨都不願意，每個候選人也都不願意，但為什麼會有向上提升與往下沈淪的區別，主要在於公民社會的成型與否。而大家不是都在期待她的到來嗎？

公民與樁腳的最大區分，主要是公民講求教育、說理，而樁腳訴求人情、利益。兩者同樣是積極的參與公共事務，但是彼此的執行方法，與生活態度不同。所以演變出來對社會的影響便大不相同，公民用公共利益的天平出發，而樁腳汲營於私人利益；公民希望社會達成以「清氣」進步為生活方式的公平正義，而樁腳則把社會的公平正義當成「我類」的禁臠。水清無魚，「清廉呷飯摻塩」，都是古有繆訓，卻也誤導了很多政治人物的視野和規劃。

這當中我們看過中國國民黨籍的政治大亨鋪張的以賓士名車代步，張揚的以動輒上千桌的喜宴為自家的華廈豪宅落成，或結婚昭告天下，其情其景毫不隱晦。這種現象對媚俗的樁腳而言，可是趨炎附勢的大集結大號召，但相對於公民而言，可是看在眼裡痛在心裡，他們清楚這不僅公共利益已被盜取掠奪，而且社會價值正被嚴重的扭曲，向下沈淪的邪惡勢力正被糾結強化。

事實上，當民進黨在沒有資源讓樁腳享用執政的私人樂趣，而自我要求以清氣進步的作為號召公民力量抬頭的時刻，民進黨的正副總統的彷彿「資本主義」格局，就相對的叫人份外眼紅。三隻小豬、台灣羅賓漢都鞏固不了陽明山和長治鄉的別墅了。

相對的，民進黨怎可以自享清福，而讓樁腳受苦呢？假如民進黨有享福的權力，那麼民進黨和中國國民黨又有什麼區隔？假如民進黨有享福的權力，那民進黨有什麼權力不像中國國民黨一樣向樁腳施捨行賄？

民進黨的執政力量應是來自公民的永續力量，而不是樁腳式的黑金賄選。更何況，不管樁腳太少需要廣佈，還是太弱需要加強，綁樁都不是民進黨應該努力的方向。在公民社會參與政策議題日盛的情形下，當國家機關仰賴此一自願性活動以維持政策運作時，社會資本這種潛在社會支持的動力來源，無論在政策執行或人民支持政策的程度上，都扮演著極重要的角色。

而民進黨的草根性格不是期許天生來自普羅大眾的中下階層的生活水準，乃是要自我約束過著清廉的生活，繼而從普羅大眾中學習到平民百姓的生活邏輯，從而了解真正公平正義的涵義，是一種原發性的日常體驗，而不是抄襲，也不該是偽裝。這樣的執政者也才不會無感無情至冷血。

因為，樁腳予人最大的詬病，就是為虎作倀，買票賄選。而且要豢養樁腳所費不貲，既以中國國民黨有黨產資應，仍得廣闢財源，無形中變成利益輸送、黑金掛勾的溫床；政治分贓、貪污舞弊的共犯。長此以往，形成社會上一股不分是非，向下沉淪的幽靈，危害國家社會至深且鉅。所以，樁腳應是全民公敵，民進黨千萬不能誤入歧途，引狼入室。

「當選才有施政的機會」，這句話是要建立在公民社會的基礎之上。反之，若用樁腳當選的結果，不僅難於伸展抱負，恐怕會變成傀儡，且因利益輸送分贓，不難變成階下囚，甚至家破人亡，中國國民黨因賄選或貪污而重新補選的多起惡例更足堪殷鑑。

所以，進步！問題在公民，不在樁腳。問題在尊重，不在綁樁。問題在贏取公民的認同，而不在巴結樁腳的諂媚。

4．進步！問題在公義，不在財富

二〇一二年民進黨總統敗選，部分原因被解釋成輸在創造財富的能力。尤其郭台銘、王雪紅等大資本家對中國國民黨的背書，使得選戰後期馬英九聲勢大漲，形成一個逆轉輸的慘局，非常扼腕。尤其中國國民黨還奏效地把民進黨打成貪腐集團，頗令民進黨左支右絀百口莫辯。

其實，台灣現階段的問題除了財富當中的資本利得之外，台灣社會凝聚力不足，開放性與融合性不夠。所以，厚植社會資本不但可以降低社會破壞性衝突，更有助於國家永續發展目標的達成。台灣的幸福指數與人類發展指數分別顯示高齡者和低收入者的幸福感受偏低，另預期壽命、知識發展和生活水準的消費力均有待提升。

生態力也是台灣公義的重要指標，目前全球的生態赤字已達零點六全球公頃，而台灣卻已遠遠超出二點七，也就是說台灣總生態足跡已超過一億全球公頃，相當於台灣面積的三十一倍，顯示台灣對生態環境資源已呈現過度消費。因此，民進黨有責任率先催生碳稅立法、綠色稅制、淨水排放、有機生產等伸張公義環境。確實，台灣的問題在有無累積自然資本，增進環境品質，不在揠苗式的經濟成長。

此外，台灣地名、路名，乃至姓名遭政治力的扭曲變形，必須給予申辦正名的機會，且不管其所需成本代價如何，都要在所不惜，予以正名。問題在做對的事，不在只把事情做好。還給台灣社會一個公道。

威權時代的白色恐怖、二二八事件，與戒嚴時期等等的受難者、被壓迫者應該加權平反，讓真相獲得社會公義的認可。推動新一波的治安偵查機制，掃除流氓惡霸，斷絕黑道治國的貪腐現象，解構黑金把持的政經體系。落實公義社會的最低標準，回應基本人權的最低要求。

司法是公義社會的最後一道防線。但「法院是中國國民黨開的」，司法已久被台灣民眾詬病，所以民進黨有責任擔負起司法改革、法務革新的天職。讓台灣人不只只有財富，還有絕對的公義、尊嚴。

當然，只要中華民國體制存在一天，加諸於台灣人的不公不義迫害隨時都會發生。所以，台灣人應思考是人追理想，而不是理想追人。應解構殖台的中華民國體制，放棄中華民國，才不會自絕於台灣。其實，台灣與一中何干，一中不一中只是兩中的鬥爭算計，就好像日俄戰爭在東北開打一樣，倒楣的是東北。台灣在這一波國共的鬥爭，也只能算是倒楣，和處理不當的苦果，一方面被中國國民黨牽著鼻子走，去槓上中華人民共和國；一方面又被共產黨牽制，成為中華民國的殖民地、俘虜。因此，台灣最重大的不公不義事件，反而是大家已經被麻痺的國家問題，其中包括台灣到現在還未制定獨立公平的國號、國旗、國歌，乃至憲法。所以，現階段問題在公義，不在財富。

5．進步！問題在黑金，不在中國

二〇一二年民進黨總統敗選，很大部份原因被認為是來自台灣在中國的紅頂商人選邊站的壓倒性因素，這一幕幕商人無祖國無台灣的露骨演出著實令人瞠目結舌。

尤其，選戰後期郭台銘一天連趕三場借題拉抬三位立委候選人，似乎忙著向台灣人教訓說，不管黑貓白貓只要贊成「九二共識」一個中國的就是好貓，這一幕又似乎讓台灣人看到滿清「大義覺迷錄」的翻版。所幸這三個被利用的候選人落選了兩人，多少給背後的黑手一點顏色瞧瞧，台灣人沒笨到敵我不分。不過遺憾的是總統仍被「以台制台」的招式強渡關山，並現形成為中國的特首，以中國馬首是瞻。

台灣政治長期受黑金形成貪汙賄選的惡性循環，阻礙改革的力量向下沉淪，人民望治心切，但長期戒嚴與灌輸中國意識的結果，早已扭曲台灣性格成為以藍色為主調的色盲，現在則轉以紅色唯命是從。

仔細地說，國府時代台灣陷入一陣軍權戒嚴的白色恐怖，解嚴之後則「進化」為以台制台的黑道治國，直到現在仍是任令地方黑道戒嚴，以達到藍色戒嚴的目的；如今背後的老闆已由早期的中國國民黨替換成中國的共產黨，老謀深算的中共則接手煽動、要脅紅頂商人以轉化為紅色戒嚴的終極統一為最終目標。難怪，如此龐大的黑金勢力橫掃台灣，台灣人無不噤若寒蟬，失去自我意識，不由自主地傾藍、傾中，形成暴「紅」的歇斯底里狀態。

無怪乎，台灣人也老早學會說滿人漢人都是清國人地說台灣人中國人都是中國人。像這樣看得出是天真的成份，卻是台灣人自認為有民主素養的德行；像這樣看得出是出賣自己祖靈的舉動，卻被寬容為顧佛祖也要顧肚子。

台灣的紅頂商人現在是吃中國的奶水了。可是又有誰說出真話，這些奶水都是來自台灣。最終台灣還是向黑金低頭。拱手讓出特首以滿足中國的面子和裡子。計畫中，台灣欲利用民主讓中國從量變成為質變的同時，恐怕天真的台灣人自己就已先在黑金的戒嚴下，率先質變成中國人了。

6．進步！問題在外交，不在內政

二〇一二年民進黨總統敗選，很大原因是受到美國的詛咒。各國的總統選舉候選人都會選擇到幾個國家出訪造勢，營造友邦支持勝選的氛圍，不管挾洋自重或出國轉內銷等花招，至少想讓選民產生候選人具有國際的視野，兼顧有外交的能量，足於站穩國際社會。台灣的總統也不例外，選前都會來一趟美、日等國的見學之旅，讓國人大開眼界。

不過，民進黨這次確實踢到了鐵板，選戰後期既連美國在臺協會剛退役的主席都揚言支持中國國民黨的九二共識，一時間讓民進黨含混其詞的台灣共識破功。且呼應島內企業大亨向錢看的立場，印證了麵包不僅勝過愛情，還勝過國家。

這個現象引發民進黨兩岸政策的危機，同時也宣告民進黨在兩岸關係中的缺席，並表示民進黨已自外於兩岸關係。但我們是要為台灣做什麼？而不在我們能為中國做什麼？

7．進步！問題在台灣，不在中國

二〇一二年民進黨總統敗選，檢討矛頭紛紛指向中國，如此無異再一次強化從中國的史觀看台灣的未來，並重新從中國的市場綁架台灣。難怪，這一回吳伯雄敢大膽提出喪權辱台的「一國兩區」向對岸獻寶，並藉此強化其中華民國在台灣的正當性。難怪，這一切不只輸掉總統，還輸掉台灣，也因此讓人心頭更冷。

確實，台灣的歷史從來沒有台灣史觀，四百年來歷經荷西、明鄭、清領、日本、國府等一次又一次的刨除台灣元素，使得台灣人幾乎連自己都忘了自己的存在，甚至幾乎也都忘了台灣的存在。尤其國府至今，台灣人已更加嚴重的用中國看台灣，用中國思考未來，因此縱使很多文史工作者努力不懈的挖掘台灣歷史，台灣也只被當成另一種的教科書，而不是生活的一部份；台灣也只被當成研究的對象，而不是文化的內涵。

因此，民進黨一向以台灣價值、台灣優先、台灣第一為號召、招牌，顯然已經被中國國民黨經營的中國價值、中國優先、中國第一所領先、取代。中國國民黨的立場改變很大，從反攻大陸到終極統一，從漢賊不兩立到兩岸統一，但不變的是永遠以中國思想教育台灣，麻木台灣人變成中國人；不變的是永遠只把台灣當作跳板，跳回去中國的跳板。並且積極認同中國片面制定反台灣分裂法，簽署ＥＣＦＡ，開放陸生陸資等銜接一中框架，連帶讓台灣在上千顆飛彈的恫嚇下不得不跳進中國的懷抱。

選戰中，台灣人就是看不出這套把戲，中國國民黨平時能把中華民國的國旗透過警察權折毀，也能在選局中變成自己的專利，到處插滿國旗。還能教訓民進黨說，不認同就不要領中華民國的薪水；不承認就不要選中華民國的總統。是啊！民進黨幹嘛要淌這趟混水，舉如明知五都是一個錯誤的亂整的行政劃分，民進黨卻願意被摸摸頭搶著去爭取，還被順水人情多了一個台南市，鑄下五都的大錯。現在民進黨同樣犯了錯誤，為什麼要選中華民國的總統，卻自己合理化台灣就是中華民國，中華民國就是台灣，可是事實擺在眼前的是中華民國只有中國國民黨，不包括民進黨，憲法也只是中國國民黨的憲法，就不知道民進黨在立法院開什麼會修什麼法；國旗是中國國民黨的黨旗，就不知道民進黨在護誰家的黨旗；更不知道民進黨要唱哪一國的國歌了。

台灣的憲法不對，政體不對，國旗、國歌通通不對，一個長期以中國思考、壓制台灣的政體，一個長期以中國國民黨體制殖民的台灣，再怎麼說也不能將就投降到中華民國就是台灣，中華民國頂多只是中國國民黨的中華民國，承認中華民國等於只承認一個政黨，中國國民黨而已。請問這樣的總統怎麼選？這樣的體制怎麼向選民說服民進黨會有改革的能力，會有公平正義的未來？台灣的問題出在沒有台灣，而台灣的問題出在只有中國。這樣的假總統，台灣人還要選嗎？台灣的問題沒搞定，哪還談得到中國。

所以，憑什麼吳伯雄就要把台灣出賣，拱手讓人，騙走台灣的總統，馬上俯臣於中國的區長。

8．進步！問題在國家定位，不在中間路線

二〇一二年民進黨總統敗選，咸認「九二共識」獲得選民認同，所以民進黨未來應調整兩岸政策，顧佛祖也要顧肚子，意思是愛台灣顧主權，但也要考慮到中國的市場和態度。因此有人建議，一中原則既然違反民進黨的台獨黨綱和台灣前途決議文的主張，那麼何不走中間路線承認九二共識的一中各表或相關的設計。

其實，中間路線的說法用的勉強，也很危險，因為中間路線說的是民生議題的政策之見，而一個國家的定位和民族尊嚴豈可打折，或用加減乘除來七折八扣，向中間

靠攏等模糊自己的國家定位。

因此，我們可以討論民生政策是要向左走還是向右走，是要向右走資本主義路線，還是向左走共產主義路線，抑或是紀登斯所提出的第三條路，第三種選擇，亦即向中間靠攏走中間路線的修正的社會主義。但不管民生政策如何修正，英國也萬萬不會主張要英國統一在一歐的原則之下，或說這就是在一英與一歐之間另闢一折衷的第三條路，成為可供選擇的一條中間路線。

也就是說台灣與中國可以聯合成立一個中華民族的「中盟」，或叫作台灣海峽的「台盟」。但萬萬不是去承認九二共識，卻實地裡被一中合併的統一原則牽著鼻子走，再謊騙安慰自己說那是一中各表的中間路線，其實這個失去定位的路線正是喪權辱國的鴕鳥路線。所以，國家定位與民生政策不同，不容本末倒置，東施效顰。

其中，更沒有顧佛祖要先顧肚子的矛盾問題。民主民權的基本持份不容打折，這就像《賽德克．巴萊》電影中莫那魯道向著族人肅穆地要求與日人決一生死戰時說，你們不怕沒有了臉上的印記，會回不到祖靈（彩虹）的地方嗎？莫那魯道無異再一次提醒台灣人自主、自由的權利是何等的神聖，寧願冒死也不屈從。

台灣受到中國國民黨的傾中作用影響，已將台灣推向一個中國的框架之下而無法自拔。未來，中國國民黨執政的時間愈久，台灣受限於中國的控制就愈趨嚴重，朝向終統的態勢便愈加明顯。這是台灣的新危機，即便現在就已有聲音投降鬆動要走中間路線。可見，這次大選台灣不只輸掉總統，還輸掉台灣。甚至以後也不用再提台灣。這正是選戰中，我們何以一再強調這次不談台灣，下次沒機會談，以後也不用再談的原因了。

9．進步！問題在中立，不在統獨

二〇一二年民進黨總統敗選，很多因素出在政府資源不中立而被濫用，尤其馬政府仍慣以中國國民黨的統治手法，集中化、極權化地殖民台灣，並從中獲得選戰資源的優勢，和勝選的保證。這些不免令人懷疑多元主義和治理之間的功效。

其實，新的台灣政府應該是拋棄殖民者的心態，「去中心化」地針對不同政策議題設計不同的領航模式，破除管制者與被管制者之間的層級節制關係。

「去中心化」包括「去財政集中化」、「去一黨專政化」、「去中國獨大化」、「去台灣悲情化」等，才能回應台灣多元族群的多元議題，「去中心化」也才能「正常化」，將不正常的台灣正常化。如此，也才能拋棄統治殖民的慣行，改革開放成平等的、公義的治理；也才能落實民主台灣，自由台灣的新氣象。

所以，台灣的問題不在統獨的煙幕彈，而在中立。

10．進步！問題在聯合，不在統一

二〇一二年民進黨總統敗選，某種程度被認為是輸在兩岸論述，既如何不觸怒中國又能贏得當家作主的論述。很顯然地，這次中國國民黨就贏在以九二共識的一個中國放棄主權換得中國的奧援，才打敗「死鴨子嘴硬」的民進黨。

中國國民黨一直以一個中國各自表述的基調對內長袖善舞左右逢源，但相對於民進黨來說就很為難，因為一個中國可以是中華民國，也可以是中華人民共和國，但萬萬不是台灣國。所以民進黨只要認同中華民國就是台灣的話，其實就是自絕於台灣，且某種程度是出賣台灣。

因此，民進黨要解決的台灣問題，首要面對的就是讓在台灣的憲法、國旗、國歌去中國國民黨化。這樣才能讓台灣正常化踏出考慮選擇中華民國是不是台灣的第一步，也才是踏出兩岸論述的先聲。也就是說民進黨必須對內先面對中國國民黨的中華民國，接著對外才能處理共產黨的中華人民共和國。因為這一個中國是分屬兩個政黨的中國，且這兩個不同政黨的中國都有一個共同的願景，基於兩岸有不可分割的前提和關係，統一對方，尤其是誰放棄誰就是罪人。而這與民進黨的基本主張，分割兩岸關係，分別獨立是大相逕庭非常不同的。所以橫亙在眼前的問題相當棘手。

台灣要的不多，只求台灣獨立自主，與對岸毫不相干。只求對岸放手，各奔前途自求多福。

要不是中國國民黨退佔台灣，台灣早在一九四五年可望搭上那班獨立自主的列車，成為聯合國的一員。所以今天台灣成為世界孤兒的困境都是中國國民黨的黨國體制一手造成的，但時至今日台灣人非但未追究中國國民黨誤台誤國的責任，還把不承認一個中國，不出賣台灣，不尋求統一就會破壞和平的責任枉加在民進黨的身上。

其實，兩岸的關係不應該建立或停留在統一對方的妄想症上。且這個錯誤的歷史情結早該隨著蘇聯的瓦解而丟進歷史的灰燼之中。反之，兩岸應朝向一個相互依賴類似歐盟的「去中心化」機制來聯合台灣、蒙古和中國，成為一個「中盟」，乃至與東協併日本、韓國等國家的聯合成為「亞盟」，甚至是以台灣海峽將台灣與中國聯成「台盟」等，都比較實際。

當世界潮流已跨越地域、國家的地緣關係，加速與區域外國家開展雙邊經貿結盟，展開全球布局之際，兩岸關係還能一廂情願，甚至是強人所難的關起門來「牛棚內鬥牛母」？所以，兩岸的契機是一個國與國之間的關係，是一個如何尋求跨域結盟的聯合問題，而絕非統不統一的問題，也沒有可能誰要統一誰的問題。

11．進步！問題在創意，不在本土

民進黨三百一十六百萬人擊掌逆轉勝的選舉活動，當天變成中國國民黨的模仿大秀，一樣的擊掌動作；一樣的反戴帽子；一樣的黑T恤；還有一樣的同一時段，使得媒體報導的各項畫面幾乎搞混了誰是原創者，誰是那個政黨的場子。選後證明中國國民黨的模仿策略成功，而民進黨的原創心血則白費苦工。但這卻是台灣民主發展的弔詭：贏了創意輸了民主。

民主最可貴的價值是建立在自由的基礎之上，模仿當然也可以算是一種自由，這姑且不論中國國民黨對智慧財產權的認知有無，與重視內化。但民主更在意的是人格的自由，這種人格的自由，卻是台灣培育愛、勇氣、誠實這些人文價值的基礎，也是要讓政治自由歷久彌新的根基，倘若缺乏心理自由，即便擁有了客觀的政治自由保障，也難有創意。

解構台灣的心理不自由其來有自，現在縱使解嚴了，還是有多的殘餘的戒嚴心障，如莊國榮的媽媽要孩子少講話；政治的支持者還不敢表現積極的態度等阻隔正常的政治對話；甚至基層黑金派系染指地方政治，社會更似被新的黑道戒嚴般的噤若寒蟬。讓社會無法真誠思考、感受和說話表達，同時缺乏或失去在地關懷的行動與動力，也同時失去創造力所憑藉的材料元素和根源基礎。

因此，進步！問題在創意。面對經濟在地化的時代來臨，台灣準備好了嗎？台灣有足夠的創意能量參與自由化、全球化的競爭嗎？這恐怕是台灣更要在意、超越誰當選總統的課題。

二〇一二年民進黨總統敗選，很多檢討還停留在苦難的台灣人、悲情的二二八。其實這樣的哭訴白色恐怖，或戒嚴欺壓都有其歷史覺醒的意義，但已經沒有市場價值，甚至是有行無市。相對的本土化運動亦應開展全球化的視野，才能回應新世代的認知和口味。

台灣的歷史地理都因被「中國化」的操弄而斷層消失，導致台灣人瞭解的中國比台灣自己多的多，所說的滿語（國語）比台灣話還要好，甚至忘了母語的存在，這是中國國民黨殖台的成果，消滅台灣人的自我，斲喪台灣人的自信，根本性地去除台灣人當家作主的意識，更弱化台灣全球在地化的創新能量。

因此，大幅提升全國研發經費佔GDP5%以上，積極整合創意資源，推動創新治理，營造開放及包容多元價值的創意環境，才能確保台灣優勢條件。

所以，台灣應該記取歷史無情的痛苦教訓，但切勿流連於過去的悲情意識，應該往前看，除卻過去的束縛，站在台灣總體的無形固定資產之上，以全球化的宏觀視野，結合台灣文化、藝術創作與商業機制的創意產業，成為台灣促進經濟轉型成長的重要動能。換句話說，台灣當前的問題在復興台灣文化，不在組裝中國歷史。問題在建構台灣風格，不在固鎖中國思想。解構中國，回歸台灣，走出本土，放眼世界。所以民進黨的責任就是帶領台灣，走向創新之路。

12．進步！問題在教育，不在福利

福利國家雖然是過時的政策，部分歐美國家已因高福利預算而國力略顯疲態。

甚至債台高築，形將破產。但相較於台灣這樣的新興國家，福利預算及措施則仍在競相加碼，討好選民。但福利終會失靈，就像家產終會散盡一樣。唯有給孩子教育，才能給他未來。所以，現在決定未來指的就是教育。

但現階段的台灣教育真能發揮作用，真能決定未來，創造未來。第一個應該解決的就是恢復教育的年度總預算到15%以上，同時減少班級的學生數到二十五人，碩博士班學生不超過十二名為原則，大學畢業生須憑論文申請畢業，高中小學校長必須碩士以上學歷資格，大學教授須民間就業至少五年以上經歷，另建構校際遊學制度等等，以提昇品質競爭力。

柯林頓總統卸任後的前傳寫道，在位時最大的成就感，就是為美國打下國力的基礎，主要目標在減少班級學生數到二十一名，縱使每班減少三名就須增加國庫預算高達數百億美元，也要辦好教育。

最近林書豪成功的例子大家也不約而同地稱許教育的成功，教育能發揮它的魔力。

第二個應該克服的就是永續福利。福利可以少，但不能短；福利可以簡，但不能斷。福利是要永續的工程，所以不必輕言福利，不用亂開支票。因為只有透過教育，給他魚不如給他釣竿，才能真正改善福利，永續福利。

13．進步！問題在中華民國，不在兩岸

吳伯雄在對岸以「一國兩區」捅了馬蜂窩，返台不知請罪，還大言不慚地抱怨說台灣最大的問題是還有人不承認中華民國。

其實，現在不承認中華民國才是對的，承認中華民國反而會讓自己的良知受傷，和對不起民主政治的認知而自欺欺人。尤其單就民主自由的原則以觀，中華民國根本就是一個以中國國民黨一黨專政的國號，且與中華人民共和國的不注重自由人權無異。吳淚等人早已被中國國民黨殖民、馴化，甚至內化到認賊作父，說錯話做錯事也渾然不覺的地步。

其實，中國國民黨要有勇氣、擔當退出、拋棄、中立中華民國，中華民國才可望成為全民的中華民國，才符合公平正義原則，才經得起考驗。所以馬英九想爭「一個中國」的歷史定位根本緣木求魚，不如反求諸己先退出長期霸佔在中華民國國號、國旗、國歌當中的黨綱、黨旗、黨歌，並修改任何以中國國民黨意識型態竊換的路名、地名，乃至不符合實際的一黨之私的中國國民黨憲法。如此，中華民國

「去中國國民黨化」，才是台灣民主政治、政黨政治的開端，也才是兩岸交往互信的開始。

其實，中國國民黨在台灣的處境比民進黨艱難，因為中國國民黨向以殖民、過客、帝王的心態，慣以威權、霸道、黑金的手法管制台灣，終必引起反彈，不得人心失去政權。但中國國民黨要不要成就大時代的歷史定位，做與不做中國國民黨有選擇權，民進黨只不過有創造權。

所以正當中國國民黨汲營於兩岸之際，其實問題不在兩岸，真正的問題在中華民國，只要中華民國「去中國國民黨化」，兩岸問題就迎刃而解。

14．進步！問題在黨權，不在中國

二〇一二年民進黨總統敗選，檢討矛頭紛紛指向中國，如此無異再一次強化從中國的史觀看台灣的未來，並重新從中國的市場綁架台灣。難怪，這一回吳伯雄敢大膽放肆地騙取台灣的總統，馬上俯臣於中國的區長，提出喪權辱台的「一國兩區」向對岸獻寶，並強化其中華民國在台灣的正當性。

其實，兩岸關係只是國共炒作的議題，是中國國民黨回歸其祖國的議題，是中國國民黨與其祖國談判如何統一的前奏，是中國國民黨現階段在台灣求生存的一線生機，是中國國民黨挾中國共產黨犧牲台灣夾殺民進黨的最高戰略，是中國國民黨利用中國共產黨的民族主義圍堵台獨，扼殺台灣主權；否則，不圖此途，請問中國國民黨何去何從？

但可怕的是，中國國民黨現在已玩出心得，一石三鳥地利用中國共產黨的民族主義圍堵台獨，扼殺台灣主權，搶救中國國民黨在台的喘息空間；再利用中國大陸的經濟市場，誘騙台灣人民，轉移台灣人民的焦點，一切只向錢看；更運用美國的投機主義創造兩岸和平的假象，誘使民進黨走上兩岸關係的「一中」框架。相對的中國共產黨則利用中國國民黨綁架台灣與中國之間統一的氛圍，迨完成統一大業，則中國國民黨的利用價值，次要敵人也將隨之消滅。

展望未來。其實，民進黨最大的本錢就是中華民國，這應分兩階段由內而外，對內推動台灣新民主運動，分成三波從國歌、國旗，到憲法，要求公平公正對待所有政黨，落實健全台灣的民主精神；第二階段，對外的兩岸關係、台美關係、台日關係，以及跨域性的合作關係等，才可望在第一階段的「台灣共識」中水到渠成，大步向前。

所以，台灣的處境艱困，民進黨的責任就愈加重大，也是台灣人民捍衛台灣主權的唯一依靠。但在捍衛台灣主權之前，民進黨要先能捍衛自己的黨權，民眾才會相信民進黨有能力捍衛台灣的主權；民進黨要先能捍衛台灣的主權，民眾才會相信民進黨有能力捍衛台海的國權。因此蔡主席應先捍衛民進黨的黨權，切勿被中國的假議題所惑，民進黨加油。

15．進步！憲政的癥結在「獨台」

中華民國憲政的癥結，現階段既不在國家認同分裂，更不在內閣制或總統制，也不在三權或五權分立等這些瑣碎的爭執，而是要先解決中國國民黨「獨台」的問題。

這個「獨台」的問題從有形的「黨產歸零」到無形的「政治歸公」，都應盡速處理，還給台灣一個公平正義的政經體制，國家發展才可長可久。但是，台灣被中國國民黨的中華民國佔領，大家都已經習以為常。因此，在這個受虐症候群之下，李登輝就曾說過，中華民國在台灣。

咸信台灣某種程度已經接納中華民國，但中華民國絕不等於台灣，台灣也絕不等於中華民國。因為中華民國是外來政權，是佔領台灣至今仍未受台灣人民同意的獨台政權。因此，憲政體制最需要改變的是消除中國國民黨一黨獨台、一黨獨憲的魔障，讓憲政體制符合公平正義的政黨政治原理，才是現階段應有的作為。

所以，現階段朱立倫拋出的內閣制只是掩護中國國民黨繼續獨大、獨佔憲法的煙幕彈；而柯P所謂中華民國是他國家認同的最大底線，以及蔡英文稱中華民國就是台灣的選舉急轉彎，甚至今年元旦兩人都不約而同去參加升旗典禮的順民現象，不免反應受虐症候群確實存在，或忘了它必須有一個應該要改變的前提；這個能被承認的中華民國的前提，就是中華民國一定要獨立於中國國民黨之外，或說中華民國的憲法一定要是屬於全民的、各政黨的憲法，而不是為一黨所獨佔的憲法。

如此，中華民國在台灣才有意義，甚至也才可以承認中華民國就是台灣，台灣就是中華民國。否則，就像陳水扁一樣，蔡英文若當了總統，還要信守反對黨完全入憲的黨綱主義，三民主義吾黨所宗；還要向反對黨置入於國旗的黨旗、黨徽，乃至於向其黨總理孫中山遺像敬禮效忠，就不知道這算是民進黨勝選的必要之惡，還是叛黨的必經之路。台灣豈容這樣的政治障礙，豈容這樣的荒謬邏輯，更豈容有這樣惡毒的政治學原理。

因此，進步！憲政的癥結在「獨台」。唯有先拆解「獨台」的魔障，才有制訂健全的憲政體制的可能。

16．進步！問題在政治，不在經濟

執政的中國國民黨為與蔡英文號召的國是會議互別苗頭，轉移焦點，旋即召開經貿國是會議以為搪塞，並召來蕭萬長喊話，謂不要搞藍綠惡鬥悶垮經濟。言下之意台灣經濟下摔又是在野黨搞內鬥，政治惹的禍。

其實，笨蛋，問題就在政治，不在經濟。

蕭萬長身為台灣人，但依受虐症候群的症狀來看受害最深。他已忘了，所謂的意識形態是建立在中國國民黨獨佔的中華民國的憲法、國父、國歌、國旗、國徽、國號之下，這些元素從未經過全體台灣人的同意，蕭卻以這樣不公不義的獨佔體制，數落無力回天的台灣人，把經濟衰弱的責任推給長期遭受政治失衡的台灣人，還說台灣人在搞意識形態，還推說在野黨專搞政治，不問經濟。

其實，專搞政治的才是中國國民黨，專綁意識形態的也是中國國民黨。他們獨佔了政治體制，獨吞了龐大的黨產，如同侵佔了別人家園之後，卻要大家忘掉過去，攜手重建家園。這是何等的冷血無情。

蕭萬長假如認為自己還是台灣人的話，還想將中華民國留在台灣的話，或說中國國民黨還想留在台灣的話，以後就先請中國國民黨主動放棄獨佔，先把家園還給台灣，再把獨吞的黨產吐出來，對等公平的鬆綁解放憲法、國父、國歌、國旗、國徽、國號等一黨一派偏狹的意識形態，然後再來談經濟，經濟才有作用。

台灣因為長期遭受政治獨佔，連帶經濟也被壟斷，形成不公不義的政經結構，因此唯有健全政治體制，才可望將問題安頓、前進到經濟之上。否則，問題永遠是在是在取回家園，不在重建家園；問題永遠是在政治，不在經濟。

第五章：公民虎尾，生活首都

1．文化確是一門好生意

報載《賽德克．巴萊》的場景「林口霧社街」將吹熄燈號，不禁令人婉惜，並為其保留建言。

根據日本製作的團隊表示，這是目前台日之間規模最大，也最逼真的電影拍攝場景，所幸新北市府慧眼識英雄能保存整修並開放參觀，讓人潮如織的遊客能置身霧社街，一窺霧社事件始末，這全賴公私部門之間無私的奉獻，和對重現歷史的一份熱情，藉此帶動地方觀光價值和追溯歷史熱潮。

不過睹物思情，這個場景要能在霧社重見天日，那才是地方發展最大的利基，也更能貼近地方的生活，呈現在地的特色。台灣多處角落都有過這樣的機會，但可惜的是我們忽視歷史，更不尊重歷史，只求進展，卻拆除了很多可以求生存顧肚子的古蹟；只求現代，卻忘了文化是一門好生意。其實，歐美先進國家享有的觀光外匯，靠的就是數以萬計的古蹟作為吸引觀光客的後盾。

像中台灣有百年糖都之稱的虎尾鎮，經鎮公所文資盤點之後就有多達二十多處的歷史建築和文化景觀可供營造，唯獨尚缺經費整修的，如涌翠閣、虎尾眷村、糖鐵鐵橋、糖廠宿舍群、國小宿舍、日本移民村等都跟日本有關，尤其像劇中的武德殿，虎尾也有一座但可惜早已被拆除，另有和樂堂、清交館更是宏偉也都被拆除。

所幸，現時經由虎尾郡役所、郡守官邸、合同廳舍、虎尾驛、虎尾水塔、虎尾溪鐵橋等的保存再利用，已匯聚成一具有日式風格的亮點小鎮，過年期間便每日吸引上萬觀光人潮。執是，中央若能重視投資經費再現地方歷史景點及配套旅遊措施，相信必能帶動新一波的地方經濟，和創造在地的就業機會。

因此，林口霧社街應至少保留兩年供大眾參觀，同期間應考慮將場景計劃拆遷至霧社，或由相關單位認購至所當得的地方落腳，一如上海世博的台灣天燈回歸新竹一般，有可能林口霧社街的武德殿也可以回歸虎尾鎮上，讓他們更具有在地連結，和回應更多想念的文化性消費。

2．要命的族群與被扭曲的經濟：失根的公民

二〇〇八年一月十二日立委選前成天高喊台灣經濟表現不佳的藍色媒體，選後已開始打預防針改口說，受美國股市重挫影響，台灣股市下殺五百二十八點，為二十年來的單日新高紀錄。相較媒體之前總怪罪阿扁政府來看，奇怪的是選後怎麼不說是民眾對中國國民黨的國會「一黨獨大」失去信心？

其實台灣經濟有一定程度的限制，不是台灣要怎樣就能怎樣。但政黨輪替以來，小部分是來自民進黨的自許；大部分則來自藍色及藍色媒體的欲加之罪何患無辭。導致一般民眾誤以為台灣還能坐享經濟奇蹟，再造亞洲四小龍的地位。其實台灣到現在還沒有認清自己的處境，才真是要命。

台灣的處境是什麼？台灣的人民還在坐等天上會掉下來的禮物。這一方面是受殖民、國府等威權統治下的臣民型性格影響而失去自我，未能認清世界潮流變化，已從農業、工業、服務業，大步邁入第四級產業的年代；並已從對第三世界的壓倒性競爭，大步邁入諸如金磚四國的競爭型挑戰，這樣的處境不會坐等台灣願不願意；也不管台灣人民還在抱怨，「為什麼以前能，現在就不行？」地停留在依賴、要糖吃的舊思維，而忘了自己的能力在哪裡，有多少；卻捨本逐末地說，寧願戒嚴

過「好」日子，也不要解嚴過「壞」日子。而被世界政經所遺棄。

另一方面則是受地方黑金政治形同黑道戒嚴的村民型性格牽制致失去信心，而未能認清世界各地方的多元文化內涵，已從遙望天邊的彩虹回歸到關注腳下的玫瑰，大步邁入後工業、後現代，講求生活、社區美學的年代；並已從量產、標準化的齊一性的異化、疏離中，大步邁入渴望呈現個人風格、地方特色，營造社區文化創意產業的人文價值。這樣的處境不管台灣接不接受；也不管台灣人民還在抱怨，「為什麼芬蘭能，台灣就不行？」地停留在冷漠、自掃門前雪的失敗主義，而忘了自己能為社區做些什麼，做了沒；卻還心不在焉地說，寧願當暴發戶過「豬舍」般的日子，也不要動手清理「狗屎」。而被德國人、日本人恥笑。

台灣的處境之所以會日益艱難，就是缺乏公民社會的底子。大家過慣了臣民型和村民型的生活，現在突然要改變談何容易。阿爾蒙在《公民文化》一書中即指證歷歷的說，唯有公民文化的形成才是國富民強的根本之道。這簡直就是給台灣一記當頭棒喝，「笨蛋，問題不在經濟，問題出在公民。」

孫運璿卸任行政院長後曾自謙地說，台灣創造了經濟奇蹟，卻沒一同帶起文化奇蹟。確實，這也是台灣「富裕中的貧窮」的寫照。這就像這一代許多人的人生過程一樣，他們窮其一生勤奮的累積財富，卻失去了健康，現在他們得花費更多的痛苦和代價來修補健康，但事實證明，他們不容易，也不見得用錢能把健康「買」得回來。台灣現在的困境與之相較，則有過之而無不及，我們不只是失去健康，甚至是失去了健康（公民）的基因，而無法自覺健康的重要性，也幾乎沒有自覺，自己應脫胎換骨成就健康的意願及能力。

台灣人民長期寄人籬下，本質上是受保護的、是依賴的，而且早已認同、熟悉於這種生活方式，因此我們只會欣羨芬蘭，認為只要出現英明的政府，台灣就有「價值典範」，台灣就有「識別認同」，但卻不認為這些東西某大部分是需要全體國人一起共同建構的。然而，這既是台灣的新困境，能思考、能書寫、能作文，看似公民，卻傳達的不是公民的事，反而是另一種臣民型的沉積。

這就像劉兆玄在規範他的新時代的教育部長人選時要求，不要有意識型態。一樣顯現他浸染村民的性格而不自知，更無異是做盡五十年的強盜之後，卻糾正只做了八年強盜的人，要痛改前非。

甘乃迪總統不是說過？不要問「國家能為我們做些什麼，而要問我們自己能為國家做些什麼。」所以，身為台灣的知識份子，難道不該要先問自己「公民」了沒？否則言不及意，反而成為失根的公民，宰制臣民與村民者的傀儡、打手。

其實，台灣這八年來也出現和以前很不一樣的政府，很有機會向芬蘭的理想目標邁進，因為他們同樣強調社區主義、在地文化、生態工法、競爭型計畫、注重環保、政經改革等朝建構公民的角色和成分的生活目標邁進。舉如愛河整治、八里左岸、高雄高級淨水廠、城市光廊、水岸城市、溫泉文化館等，只要不牽涉到人的作為，都已有一份漂亮的成績單。但凡是與人有關的變革，人民發出的聲音卻都以一如以往的標準看待台灣，結果，農會信用部改革、合理化公教退休的18％、老農津貼納入國民年金等無不都鎩羽而歸，功虧一簣。尤其絕大多數的鄉鎮市公所及村里社區對於所謂社區主義、在地文化、生態工法、注重環保等須經田野踏查、民眾參與、總體規劃，到細部計畫等這些慢工出細活，寄望能挖掘、融合出地方特色的操作方式更是怨聲載道；選後雲林口湖排水整治，中國國民黨的新當選立委便馬上附和民眾將生態工法的河堤護坡改成混泥土。

此外，對於有努力但不一定有成果的競爭型建設案更是抱怨連連。總之，他們不太能適應、承擔因自己缺乏競爭力或沒有創意而失去的計畫案，也欠缺公民型的社會來一起承擔失落中的自我肯定。因此，通通掉入失敗主義的陷阱，進而攻擊怪罪政府，並退縮、迴避至最最原始，和最易達成的基礎設施，像路燈、水溝、鋪柏油，乃至監視器、路口號誌、反光鏡等零碎式、被動式、功利式的建設討好樁腳，並以此標榜為政績。

結果，不只無法真確回應時代的進步和民眾的需求，反而浪費資源預算，且施設品質奇差，導致民眾至今依然無法享受到平均年國民所得一萬四千元美金的優質的、總體的生活環境品質。既若如此，至少也不該是被形容成豬舍、狗屎的地方。但台灣的處境確是如此不堪。

台灣又虛擲了八年，也內耗了八年，但這八年明的看是藍綠的對抗，統獨的拉扯；實則是公民與村民、臣民之間的拉扯，是台灣願不願意轉型為公民──「轉大人」做自己主人的戰爭。期間紅軍看不慣公民時代還有宮廷政治，還有內線交易，起而上街抗議；但這期間更大的問題是學者專家以為台灣全是公民地盡講些臣民、村民聽不懂、做不來的社造語言和工作。二〇〇八年一月十二日立委選舉結果，一個更不懂社造，就怕被「去中國化」的一黨獨大上台，誰勝誰敗，大家心裡有數。台灣人民終究又是最大的輸家。

觀察近幾年來，台灣只不過是為了自己的自明性、在地性發聲、努力，但僅僅如此就被戴上「去中國化」的帽子，甚至是搞族群對立的污名；反倒是以往「去台灣化」的惡行都因而獲得解脫。這是台灣最大的諷刺與弔詭；也是台灣被型塑成村民與臣民性格後最大的反撲與成就。

台灣因民主而享受自由的氛圍，敢當街、當面嗆陳水扁、呂秀蓮，卻絕大成數的可能還不敢公開嗆地方黑金派系的頭頭；他們敢當面給陳水扁臉色針砭時弊，但他們卻不敢跟漂白大哥討論地方的發展策略。他們敢在總統大選中選邊站（這是好現象，有的甚至無意參與）；但對於位居城鄉發展重要關鍵的鄉鎮縣市長、代表會、縣議會等選舉卻形同「放水」。然後再跳躍式的要求怪罪中央如何如何。事實上，遠水救不了近火。台灣三百六十八鄉鎮市區有為者幾許？大家自求多福。

台灣面臨的處境，就像養了一群被寵壞了的不用功但整天只會講關係，拉人情，要糖吃的小孩（政治人物），他們不知道要考上好學校就須認真鑽研功課，找出策略性的讀書方法，而且有努力不一定有收穫，但不努力，地方就永遠沒有機會的自我認知；他們以為只要坐上位置就是收穫，而不知道佔上了位置，能為地方找到自明性、發展性才是收穫。

但他們寧可捨此途徑，開起神壇式的發包中心、介紹所，專門回應樁腳的請託，拉攏「人情」換取選票，並屆時輔以買票，以作弊、不正當手段騙取勝選。從此他們作勢壯大，在劣幣驅逐良幣的效應下，政治市場愈成黑金派系的禁臠。這個處境的答案，任誰都曉得，有什麼樣的選民就有怎麼樣的政治人物，但為什麼說破了嘴台灣還會有這麼令人痛憤、不知悔改，寧願任人宰割、作賤自己的選民呢？為什麼？因為，這不是75％台灣人就能大於25％外省人的問題，而是80％臣民、村民大於20％公民的問題。而這個臣民與村民的溫床，正是外來政權和本土黑金派系掛鉤所冀望和最能發揮其互利互惠的溫床。

一個民進黨當然輸給一個中國國民黨外加一個黑金派閥的兩大黨派，這三分天下的台灣政局，任誰都清楚黑金派閥得罪不起，既連李登輝、馬英九都身不由己要到各地地頭蛇去拜碼頭求生存。二〇〇三年民進黨改革農會系統遭遇極大阻力，最後也在李登輝說項下鳴金收兵。農會、水利會是各派閥的溫床，也是這次立委選戰中，買票賄選被抓證據、案件最明確、最多起的一次，可見他們也意識到立委席次縮減，攸關他們生死存亡的一役，所以再大的風險他們仍願意孤注一擲。結果，他們壯大了，他們斬獲的席次達到八十六席，佔立院總共一百一十三個席次的四分之三強，這個一黨一派加起來獨大的局面，將會是台灣無法承受之輕。

公不公民？他們對於賄選自有一套正當性的說詞，中國國民黨說的最白，在他們眼裡，那只是走路工，他們更期待修法把它定型化由國家統一發放。他們不視選舉投票是公民應盡的義務，因為在一群臣民村民的眼裡，他們根本不需要有表達自由意志的「累贅」。況且，自由意志是可以以金錢拋售的。他們極度抱怨政府抓賄太嚴影響到他們收受賄款的「福利」和行情。既連無錢買票的民進黨，也不敢阻斷選民的福利，只能敲敲邊鼓說說，「拿歸拿，投歸投」。而不敢得罪這一群臣民和村民。坊間就有一說，謂這次立委選舉執政黨會「輸到脫褲」就是抓賄太嚴引發民眾反彈所致。這可是多麼愚蠢的笑話，但也只能無奈地仰頭笑看離台灣愈來愈遠的希望。

台灣這八年來積極推動極具公民運動意義的社區總體營造，引發部分社區的興趣，但有更多的因素只是衝著經費而來，他們以為社造也是爭取建設的模式之一，只要錢來就好辦事，但他們萬萬沒想到，錢不是萬能，錢來了才更是萬萬不能，這與以往的概念出入太大。但他們卻以臣民或村民的心態在操作社造；用申請路燈、水溝的心態在頤使社造。難怪，有不少申設社造點的村里長不僅還在選舉買票，也為別人買票；更有為數不少號稱文史工作的工作者跑去為明知買票的候選人大剌剌的站台背書，為的是期待他們會爭取經費來做社造。真不知道他們這麼辛苦從事社造所為何來？這些失根的公民，可也真是要命的族群，根本不知道充滿健康警訊的身體是禁不起任何誘惑的。

台灣的人民是需要照顧的，但長期以來的福利思維都只停留於哭鬧的小孩有糖吃；更多的狀況也都只頭痛醫頭，腳痛醫腳。說穿了，就是完全為了選票，並沒有真正為民眾的一生做完整的規劃，其實政府有能力為人民做到一個人的一生的財富的「平均」，和健康的「平均」。能為人民的一生截長補短的總設計師，才是社會福利最好的保證；而不是劫富濟貧，或抓東牆補西牆式的齊頭式平等。因此，台灣人民到現在很大的成分是因為沒有一輩子的安全感；更迫切的是他們為了維護自己的公平正義，不得不表現出更自私一點，才能顯現自己的聰明，而不會被吃定。這是何等殘酷的叢林社會。

他們的人生若沒有經濟的安全，自然顧不得公共事務的參與；但可怕的是絕大部分領有優渥月退休金的公務人員談到參與社區公共事務，欲借重他們的學識經驗時都退避三舍，都認為「社會事無法管」，寧可潔身自愛，天天無所事事，爬山、跳舞、練太極，也不願意去淌這趟混水。為什麼？既連經濟安全的族群也對這個曾經善待過他們的社會這麼「無情」，為什麼？更慘的是，當他們願意「下海」參與時，他們竟然不是斤斤計較於工作費、便當；就是計較於摸彩品、和免費旅遊。這就是我們所要的志工，公民？

台灣打破威權體制，解除戒嚴已有二十年，可我們的心中真的解嚴了嗎？政黨輪替了，可我們的舊思維早已無情地變成我們濃得化不開的基因，讓他們可以不分藍綠的政治立場都一致認為關說人事安排是必要的，更相信警員、老師的調動、老師的甄試，甚至連地方的大學夜校入學考試也都可以送錢關照，打通關節。即連打倒威權，痛恨威權的人，也同樣對他們的支持者施加壓力，請託人事。這就是我們急於打敗威權的收穫──方便換我們自己來關說？這就是台灣的不幸，因為打敗威權政體的不是公民，而似是民國初年的軍閥、派閥，一樣只是一群臣民、村民罷了。若再這樣下去，台灣的希望在哪裡？台灣想要建國的理由在哪裡？倘若只是為了奪回政權的鼓譟，也只是一時的；但若為台灣的長治久安著想，則培育新時代的公民，才是台灣建國的理由與希望。

台灣解嚴了嗎？沒有。縱使台灣政黨輪替了八年，也還是沒有解嚴。台灣一大部分的比例還是身陷尚未解嚴的公務系統的戒嚴之中，不過沒有人會承認這項事實，包括為人師表的老師也是認為自己沒有侯文詠的《危險心靈》的現象，但是一位新時代的年輕校長竟會在酒宴中當眾告誡他的友人，當民意代表要八面玲瓏，要能親民，抽菸、喝酒、吃檳榔，偶爾還要跟民眾打打小牌聯絡感情，還要有江湖人的霸氣。臨別還加強重點提示，「選舉沒師傅，用錢買就有」。席間校長儼然成為社會的導師、先知。然後呢？校長自己辭職？叫學校關門？不是嗎？學校裡頭根本沒教這些傷風敗俗的事，反而教一些與社會主流價值背道而馳的無用的東西。既連學生週記也要以報紙刊登的一週大事為準，不准以社區記者的身分訪錄社區新聞。既如此學生既連自己看到的事物都不算數了，我們怎麼寄望這樣訓練出來的校長會有自己客觀獨立觀察分析的能力和人格。但更糟糕的是這樣戒嚴心態的人格，卻多的是已通過國家考試，做起打不死的蟑螂，掌管著教育、行政、司法等宰制人民的利器，以另一種「戒嚴心靈」僵固、形塑、拷貝著易於統治的一群臣民與村民，乃至於愚民。這樣做無形中有利於拜金主義和功利主義的滋長橫行。更讓人對政治望而卻步，終至惡性循環，自食惡果。

看來公民與學識、地位無關，而與他和地方的連帶關係有關，也就是他住在一個地方愈久，愈與人交往，他就愈會被地方化，他願意被地方綁架，那是因為他可以輕易察覺他的既得利益將因而更為鞏固壯大，縱使齷齪也無人敢公開挑戰、睥睨。這個命運共同體，虎假虎威，如魚得水。這是無形的保護，但黑金獲得的代價不是保護費，而是竊取學識、地位所能提供的認證與榮光，直到這個爛好人被消費殆盡，或自覺沒有利得為止。一個地方會出現一個以黑金為主的政治集團，即是有這樣甘於臣民與村民的有學識、有地位的人願做馬前卒。縱使這是表面的人前戲，也已經予以本是臣民村民的人更加仿效且自以為是。

3．「轉動台灣」豈可跟著亂黨亂轉

國人對「夢想家」燒錢慶祝之怒，咸未點醒「轉動台灣」鐵馬環島之惡。而台灣人的包容力，「中華民國人」也還是不知領情。這些都是中華民國「假」建國百年惹的禍。

「夢想家」的癥結不僅是被指控二晚燒掉二億元的不公問題，其實他更是一個不義的憾事。這個不義指的是中華民國強佔台灣，對台灣人頤指氣使，但面對中國卻不敢拿起中華民國國旗；此外，一個原以「反攻大陸，漢賊不兩立」愚民，到以立場搖擺表理不一的「九二共識」，「與匪為友，喪權統一」賣台，這樣一個失格，政策更從未徵求人民同意的政府，竟假借建國百年，又拿國旗來唬弄人民。

其實，台灣豈只百年，而中華民國何有百年，更何況中華民國早就亡國了。要不是台灣的包容，哪還有中華民國，結果中華民國人還大張旗鼓的慶祝，並嗆衰台灣無能建國，並強加台灣只能遵守一個中華民國憲法。這就像吳敦義說蔡英文領的是中華民國的薪水，不該說中華民國是流亡政府的無知，與自欺欺人一般，要知蔡英文是吃台灣米喝台灣水長大的，知恩惜福，哪像渠等中華民國人鳩佔鵲巢還大辦轟趴慶周年，吃定台灣。而一些不明究裡的人還盲從應和，強要身為主人的台灣捐棄成見，還開示起台灣說，要以寬容之心擁抱異己之聲地來騎鐵馬在年底的選舉前夕誘入馬英九設的局一起「轉動台灣」，輸掉台灣。

台灣人的包容，「中華民國人」還是不知領情？台灣人迭遭中華民國人的軍權、威權、白色恐怖、黑道治國等蹂躪，卻無一不忍，既連不准講台語的年代也忍過來了。其實，「中華民國在台灣」的作用正是共同面對中國，而不是欺壓台灣人，消滅台灣，中華民國在台灣的價值就是共同建立台灣主權獨立的國家，否則台灣不需包容中華民國，而中華民國也大可以去投靠中國，打回中國。如今，中華民國人打不回去中國，卻又要拖台灣下水變成中國的一部份，台灣人受的悶虧還不夠嗎？

因此，夢想家演十月慶典的愚民行銷已經夠欺人了，怎麼還可以讓台灣人買單，亂砸台灣人的那麼多血汗錢。「夢想家」的不公不義即已一葉知秋，惹惱了台灣人，年底中華民國人還要花七千萬的「轉動台灣」為台灣的亂黨選舉造勢嗎？中華民國「假」建國百年的愚民戲碼是該熄火，轉入歷史的灰燼了。未來，用心認同台灣才是正道，正道的台灣才有出路。

4．錯把馮京當馬涼：憾台灣公民的墮落

台灣歷經無數次的選舉，但台灣公民社會化的進程仍令人擔憂。

舉如綠營莊國榮的污穢謾罵、藍營立委的鴨霸作風，甚至是像台聯中執委前立委羅志明，謂馬英九是外省籍的台灣人，當總統有助於族群的融合，美國人都能接納歐巴馬選總統，台灣人為何不能支持馬英九當選。又說，由國民黨完全執政，才能穩定政局等。此些論調無異錯把馮京當馬涼。

其實，美國是多數的白人統治黑人，而不是少數的外省人統治臺灣人；是黑人到白人的土地受統治；而不是外省人跑到台灣統治臺灣人；更何況歐巴馬是象徵草根對抗保守勢力，有如當時陳水扁之對抗威權體制的中國國民黨。而台灣的處境也不像美國，反而像南非。總之，知識份子的公民墮落，台灣再怎麼選出好總統，前

途依然堪憂。選戰中，全民計程車突然由綠轉藍挺馬蕭；另民眾亦訛以民生經濟抱怨阿扁執政不當等，臺灣人突然天真的變「公民」的現象，令人疑惑。

事實上，站在以75%為台灣人的多數族群結構裡選總統，竟有這麼些像極了「公民」的聲音表達著可以不顧本土，寧願拋棄血濃於水，「人親土更親」的框架，也要選一個只佔台灣族群比例不到25%的外省人，且無視於這個外省人到底是香港人、英國人，還是美國人。如此，從公民社會的建立而言，不也讓人高興，「什麼時候，台灣人變公民了？」什麼時候，台灣人開始擺脫中國國民黨長期的「愚民」統治，可以不分立場、族群，只問能力、績效；不護私人情感，只重公共利益。若果如此而不弔詭的話，這確是台灣國未來強盛所需的公民社會底層。但事實是這樣嗎？其實，這種看似公民性格的翻轉，或說這種對台灣公民性格養成的誤解，其實是台灣公民性格最大的失落與斲喪，也是台灣人在民主主治時代猶自願被愚民，所面臨最大的空前的危機。這裡面至少有三點值得討論。

別人正買票賄選黑金暴力介入；而我們自家當兵的姪子返鄉還謹守軍人中立的立場，並在支持者面前謂礙難助選幫叔叔的忙，……。這是那門子的公民，那門子的公平？此舉不比被捅了一刀還難受？

台灣社造聯盟全國年會邀請總統候選人蒞會發表社造理念並簽署社造宣言，結果馬去，謝沒去。你看呢？這個人社不社造，有沒有社區主義的涵養，豈是一日一時的事。此舉不無是在最關鍵的時刻被一位平時理念最契合的夥伴，假公民之名行出賣反叛之實。要我是謝的話，也不去了。這是那門子的公民，那門子的公平？

地方文史團體在地方性選戰中跑到對方陣營舉辦的關懷地方文化座談會去交心感謝並期許未來共同關懷地方文化建設，……。這是那門子的公民，那門子的公平？不就是白目，超級白目。

第一，台灣尚有占多數的大量親中媒體，「吃碗內洗碗外」，儼然是中國反分裂法的打手；大中國促統的幫兇，此種大中國觀念置入式行銷多年的結果，台灣民眾早已被教育成繼反共之後的另一種臣服於中國國民黨合理化「統一」及「一中」之下的「臣民」，並適時偽裝成總統選戰下的公民，又再一次合理化台灣人可以「大義滅親」，實則是被扭曲、分化，甚至是被離間了的賣台、台奸行為而不自知。中國國民黨早該讓位，還政於「台」的，但八年來卻處處從中作梗，唱衰台灣，猶不罷手。

第二，檢驗這些只要經濟不要阿扁的「偽公民」，其實議題本身就是一個假議題。試問中國國民黨鼓勵台商赴中國投資，帶走、掏空台灣的經濟資源，這樣一個無能、無法轉型產業發展的過氣的政權，又反過頭來責怪台灣經濟每下愈況，這有道理嗎？這就像一些環保人士，也人云己云的起鬨說，阿扁弄得「經濟不起色」一樣不公平。民進黨從非核家園，一路把關到八輕、蘇花高，甚至保存樂生療養院等，已讓拼經濟傾斜到足以成為中國國民黨的話柄之際，環保人士還落井下石的說是否讓中國國民黨完全執政比較責任政治，比較能擋掉八輕、蘇花高。天啊！這不知是那門子的公民邏輯。

此外，所謂族群、去中國化，其實都是中國國民黨以威權心態統治台灣五十年，不尊重台灣本土意識，反而強加中國意識之後的反彈，結果中國國民黨不思反省，反而惡人先告狀似地說台灣分族群、去中國化。其實若按產值計算，台灣這五十年來因為被壓抑的台灣化、在地化能量，所喪失在全球化的文化設計、創意產業，及連帶未來要花費好幾年才能再造的經濟力、競爭力等，更是難於計數。

第三，割捨台灣，真的建立了公民嗎？其實事實的背後，只是如鴕鳥般不願得罪地方黑金派系，不願面對真相——包括地方百分之八十的基層政治資源，縣市鄉鎮首長仍掌握在中國國民黨加地方黑金派系手中的「一黨加一派獨大」，以及絕大多數涉案和因貪瀆而破壞地方建設等。但做賊的喊捉賊，這些基層政客猶大言不慚的下起教民眾選給馬蕭的指導棋，藉於掩飾、推卸自己破壞地方經濟發展，和勾結包庇賄選的罪責。

其實，中國國民黨用威權戒嚴台灣四十年，現在則轉用在地的黑金派系控制著台灣。因此，正當可憐的臺灣人尚未擺脫「威權戒嚴」而餘悸猶存之際，實則早已悄悄地再度深陷自己人「黑道戒嚴」自己人的時代，而此刻善良的臺灣人誤以公民的姿態自我合理化地盲從跟隨著地方黑金派系跨越族群，高喊一中市場等，能不叫人心酸。

總之，台灣要能成為公民社會的國家，多令人期待。但現在這種以「黑道戒嚴」台灣人，以滅失台灣民族主義為目的，以城市包圍鄉村，掛羊頭賣狗肉的假公民，著已中了中國國民黨大中國主義者的一中市場的世界主義式之毒而不自知。台灣人能不深思。

5・只准中央放火，不准地方點燈

報載正當各地方政府因財政困窘而炮打中央之際，北市府竟行有餘裕，「佈施」花蓮、台東，和屏東等「無上限」救災，此舉不僅突顯中央無能，更暴露財劃法、公債法等不公事實，尤其中央勒緊地方財源卻任由自己債台高築的現象，已到「只准中央放火，不准地方點燈」的地步，改革在即。

惟現狀背道而馳，尤其為挹注五都使各鄉鎮市公所的財源雪上加霜減少約有一成，另五都之間的統籌分配不均更形嚴重，既連中市都不平則鳴的炮轟，中央大小眼，只顧北市；且北市的舉債上限又是中市的八倍之多，無異富可敵國，貧無立錐，欺人太甚。

此外，行政院會日昨通過明年度中央政府總預算草案，更是教人失望，不僅公共建設預算減編，歲入歲出短差亦達12%約兩千四百五十億元之譜，另債留子孫5.2兆元幾達舉債上限。而國營事業總營收高達三點四兆元的規模中，稅前淨利扣除油電漲價部份竟只有2.8%不到一千億元。這樣失能的行政怎教地方甘心。

地方長期被勒緊腰帶，經建左支右絀，中央再巧立美其名為競爭型的計劃讓地方爭取經費，實際上是以專家指導民主，以補助綁架樁腳，以選票分配利益，以經費固守地盤；而這些雕蟲小技又只是用以掩飾其背後更大筆的政治分贓。

中央集錢又集權的結果，地方建設捉襟見肘，城鄉差距極度惡化。尤其央管河川治水無方任由各地淹水災情擴大，導致地方城市安全堪虞，而中央卻只會對地方頤指氣使，本末倒置地推卸區排要清，水溝要通等枝節末尾，令人啼笑皆非，果不然又一個「只准州官放火，不准百姓點燈」。

6．一黨加一派獨大的恐怖噩夢

以地方為例

立委選後，國會突然變回由中國國民黨一黨獨大的局面，令國人錯愕。現總統選戰方酣，綠營適時以制衡作為訴求，但藍營則反駁全面執政才能責任政治。藍綠唇槍舌劍，看在市井小民眼裡，什麼民主政治的高論；什麼一中市場的可怕，恐怕一時也弄不清楚。但奇怪的是，一黨獨大的例子有需要舉那麼遠嗎？其實全台368鄉鎮市區的大多數就是最好的活生生的例子，大家不是都有切膚之痛嗎？

在這些鄉鎮中，不僅是代表會全由中國國民黨一黨獨大，而且鄉鎮長以及村里長更是由中國國民黨完全執政，既連鄉鎮調解委員會、農會、水利會等更是一黨加一派獨大，反觀綠營在地方上簡直就是開天窗，只能袖手旁觀，不容置喙。可是這樣的責任政治，鄉鎮民換得的是什麼？只是「不完全」的路燈、水溝、鋪柏油這些應付樁腳的零碎式建設，整個鄉鎮缺乏總體規劃的格局、遠見，以及推動社區總體營造的策略決心。加上基層建設工程施造品質不佳，和對地方文化創意產業以及城市行銷的漠視，難怪青年就業人口日漸外流，鄉鎮愈趨沒落。

但針對這種現象，鄉鎮公所總會推說沒經費，或中央沒補助來搪塞卸責，餘既無討論的空間，若多建言或放砲恐怕就要遭鄭太吉式的恫嚇，否則就是狗吠火車，因為民意選票是站在這個一黨獨大的那一邊，不是嗎？這種一黨加一派獨大的恐怖噩夢，難道地方民眾還受的不夠。

此以本地為例，八年前地方群策群力疲於推動西安百貨街的造街工程，但鎮長以及代表會卻逕自暗中向廠商索取回扣，致全被起訴求刑貪瀆罪十二年不等，現畏罪潛逃中國；另三年前縣社會局遭議員綁標採購劣質的中國貨電鍋，以低價高報充當重陽節禮品，從中謀取約二千萬元的福利金，亦已遭求刑六年。凡此，企思帶動地方經濟發展的商圈再造工程胎死腹中，而老人福利金迄今亦未到位。結果，惡人先告狀，地方黑金派系勾結中國國民黨全把景氣、福利責任推給了扁政府。

可見，一黨加一派獨大的黑金壟斷局面，地方早已深受其害。現在，值此剩下「最後一席」的關頭，大家難道還要懼怕於身邊的黑金派系而不自覺，難道這次總統大選還要再見到棺材才掉淚。

7．做賊的喊捉賊

報載嘉義市市長參選人涂醒哲的雲林黑道說，意外引來雲縣立委的圍剿，連帶議會也加入洗刷污名的行列，要蘇治芬縣長聯名聲討；但遭蘇縣長保留。其實蘇縣長要說的恐怕是，別鬧了，請你們饒了雲林人吧！

前些年，隔壁一位鄰長的女兒到南部一所大學參加碩士生甄試入學面試，主考官竟然問他對黑道縣長的感想。她不知怎麼搭腔，所以對落榜的「人為因素」一直耿耿以懷。這檔事真不知該由誰來跟她道歉。

這些年，雲林是「黑道的故鄉」聲名狼藉，早已不是新聞，尤其出外的雲林鄉親飽嚐黑道汙名之苦，與迭受有色的眼光看待，更不知該由誰來撫平他們的傷口。

其實，黑道政治猖獗已不是一種現象，而是一種症狀。它參雜著恐怖主義，違反人權；百姓噤若寒蟬，言不由衷，違反民主。尤其黑道治理鼓吹失敗主義，排斥文化活動。賄選伎倆誤導選民「選誰都一樣」、「沒經費，凡事不可能」，極度控制民眾拋棄理想性，只圖路燈、水溝、鋪柏油等應付性、零碎式、綁樁式的簡易工程；或著眼大型土地開發案等。結果雲林人口持續大量外流，繳不出電費、路面愈鋪愈高、水溝愈蓋愈積水。市況榮景積重難返。

數十年來，雲林已經病入膏肓，十大惡性腫瘤死因居高不下、地層下陷速度居冠、污染首屈一指、沙塵違害無以倫比，但雲林人付出這麼多的代價，所得比率卻是最低；而黑道派系卻是黑頭車愈開愈亮、愈開愈拉風。

現在，警政、司法幾乎也被染指到看不見它的存在，升斗小民的最後依靠已死；如今剩下的最後一道防線：輿論，在這次「做賊的喊捉賊」的報導中似乎也已失守。

8．改變！問題在黑金

報載馬英九見獵心喜，附和藍營縣市「二階段領投票」唱反調對抗中央的作法，嗆扁中央說，「中央是政府，不是黑道。」其實，這句話只說對了一半，而且是「有嘴說別人無嘴說自己」。

馬英九若真心到過各鄉鎮long stay的話，應該已經非常清楚全台百分之六、七十的同黨基層民意代表和鄉鎮市首長不是犯有賭博、殺人、勒索或貪瀆、賄選前科，要不就是派系黑金的馬前卒，各個神通廣大，慣以菜蟲（農產仲介）、綁標（工程、法拍屋、年節贈品、大宗物資）、廢土（事業廢棄物）、煙灰（工業煙囪）、砂石（盜採河砂、陸砂）等以暴力脅迫、魚肉鄉民等惡劣手段獲取不法暴利，破壞自由市場正常功能，腐蝕全民經濟果實，淪喪社會公平正義，人盡皆知。除此之外，更把公共資源當做私人禁臠，人事安排黑箱作業，利益輸送膽大妄為等程度，幾乎已到無法無天的無政府狀態。面對這種現象，恐怕馬英九才應該告誡同黨同志說：「地方是政府，不是黑道。」否則，long stay就真的是「攏是假」，白跑的，作秀罷了。

但可惜馬英九不僅未能體察民瘼，反而提名黑金派系，甚至頻頻站台拉拔黑金派系立委；還自唱高調，「笨蛋，問題在經濟」。其實，到目前為止，台灣近兩次總統大選的勝負關鍵恐怕既不在經濟；也不在統獨。未來也是。「改變！問題在黑金。」而且，黑道不在中央，「改變！問題出在地方。」民眾對黑金綁架、阻礙地方發展，已厭惡、痛恨到了極點。

9．一「證」知秋：地方的努力與哀愁

報載拼經濟申請國民旅遊卡特約店是不錯的一項利多，因為五十萬公務員每人

一萬六千元合計年度消費額高達八十億元，確是一塊大餅。更何況現在又放寬允許在地消費的便利性，勢將強化像雲林縣等旅遊發展較不利的縣份，可吸引在地的方便性消費，難怪地方業者爭相搶食這塊大餅。

不過，根據瞭解欲申請國民旅遊卡特約店除必須符合業種業態的要求，以及申辦營利事業登記，和配合特約銀行的刷卡作業等普通條件之外，尤其特別的是在非規劃之內的業種業態店家，政府另放寬條件只要是座落在形象商圈或商店街等經觀光局審查核定的地段，也可以符合觀光旅遊的目的，而授予國民旅遊卡特約店的特約權。

以此為例，則雲林縣的草嶺商圈、北港商圈、華山商圈，和斗六太平老街、西螺延平老街等地段店家既可申辦而因此獲利。這對都市更新、商圈再造，並結合社造精神帶動造街運動，促進地方產業升級發展，著實可發揮部份誘因。

唯十年前筆者擔任里長爭取推動的西安百貨街造街工程，當時包括藝術街燈、街道景觀、街道家俱、街角造景、入口意向、路面鋪設、統一店招規格、資訊看板，以及組織造街經營促進會等等爭取四千多萬元經費，豈料整個工程案發包時，卻遭鎮長等十八人的集體索賄弊案因而延宕預算的執行，導致造街計畫胎死腹中。

如今地方不只美麗不起來，同時丟失了十年多的商機，和錯失無法申辦國民旅遊卡特約店的良機，以及連帶阻礙地方土地房價增值的空間。從一張特約店的許可證，竟意外的令人體會到地方的努力與哀愁。

10．黃金週與蘇花高

報載中國實施「黃金週」造成旅遊點過熱的擁塞瓶頸，將考慮把「黃金週」取消。其實，「黃金週」的功用不只為了拉動消費需求，帶動流量經濟；更重要的是人性化生活品質的提升，也就是有利於ＨＤＩ人類健康生活指數的提高。

因此，「黃金週」的放假措施絕對必要，但若顧及一窩蜂式旅遊品質的下降，反而有失原意的話，不如採取「分區輪休」的方式解決。若以台灣為例，可嘗試分北中南東四個地區四個季節實施「分區輪休」制度，藉以分散消費時段，提高服務品質，增加休閒氣氛，減少環境衝擊，併可改善旅遊地區「週休五日」，生意清淡的窘境。

這種思考就像「國民旅遊卡」必須跨縣市消費的意思一樣，「國民旅遊卡」做得到，「分區輪休」制度更做得到。事實上，世界先進國家不乏有「黃金月」、

「黃金週」的人性化設計，並兼及全面就業的考量。相對而言，台灣在這方面，雖然同樣一年有三個民族傳統節日，但就是沒有所謂「黃金週」的思考，顯得比較保守，偏重資方，及停留在農工業勞力密集時代超長工時的思維，比較可惜。

不過有了「黃金週」，必然會浮現流量經濟的效益，這時如何提供公共設施的總體配套服務，相對考驗中央與各地政府的施政效能。這中間包括文化景點的創置佈建，地方創意產業的經營管理，以及想要做多少生意，就要有多少路徑的思考，連帶像蘇花高興不興建的問題，甚至開放小型飛機的航權、賭博特區的藍色公路等等，都得全盤地認真考量，才能使得「分區輪休」的「黃金週」制度，獲得實際的綜效。

11．讓人腦神經衰弱的禮物

老人家跑來找我，「代表，你一定要把那個基地台拆掉。」老人家氣急敗壞的說了一些基地台的惡名昭彰的證詞，並說他已經連續三夜失眠，「代表，你一定要帶隊抗議。」我安撫老人家的同時，才警覺到自己也已收到世界寄來的禮物。

據說，這個禮物會「春蠶到死絲方盡」般的把人突襲成腦神經衰弱，或其他併發症的惡性病變等至死。老人家要走的時候，打量我不起勁的態度，勉強丟下話說，他年歲大了無所謂，重要是你們這些年輕人呀。彷彿是要我們為自己的生存而戰。

自從那一夜開始，我半夜起床好幾次透過門窗盯著基地台打量，原本兩支一對的數量，現在已悄悄增加到四、五、六對。原本不在意的，現在也得緊閉門窗，拉上窗簾，還加上車用鋁箔遮陽板防止基地台發射過來的電磁波。太太看在眼裡，不僅沒感謝我的救命之恩，還調侃說我瘋了，「阿Q兼鴕鳥，要嘛就去抗爭拆掉他，要不就自在點，那些破銅爛鐵是擋不住電磁波的，別再唐吉軻德了。」

我絕非逆來順受的人。社區大學我開的課：社會議題V.S社區營造，就曾邀請專家來談過「基地台讓人頭痛的不得了」的課目；實際上我也曾出面帶隊抗爭惠來厝基地台的屋主，找來NCC人員到場偵測波強，找來環保處人員告發罰單，找來工務處人員驗證雜項建築執照，但無一成立罪狀。難怪，屋主反過頭來大張旗鼓的回嗆，「只要惠來厝人都不用大哥大，我馬上拆。」難怪，電信業者有恃無恐，敢於一再惡意缺席縣政府召開的調解會。並對於譴責的聲明置之不理。

現在，雄踞在住有兩百多戶人家的惠來厝的三處基地台還在，且根據村民惶恐地回報，電磁波變本加厲「ㄘ！ㄘ！ㄘ！」，「咻！咻！咻！」的聲音更為囂張。而鳩佔在我市區住家周邊的基地台也由一處變成兩處、三處，每一處都直接對著我家不時用像一把把的利刃丟射過來。

我，只能默默接受不能自外於這個世界強迫給我的禮物？

12．給自己一個理由：矛盾中的蛻變

藍營大贏，值得恭喜；綠營慘輸，也值得恭喜。但今早起來，台灣贏了沒，也該有再次確認的必要。

是不是從此台灣會真像李登輝前總統擔心一黨獨大引發台灣民主倒退二十年的結果；還是真如公民監督國會聯盟理事長顧忠華所擔心的寒蟬效產已現；或是林奐均感同身受的到現在還慣用的洗腦手法給騙了。這些在這次大選中的經典訴求，雖無法逆轉綠營的頹勢，但不無說出台灣人民的底線，也就是至少維持一個建立公民社會的條件，恐怕是大家最想望的需求。不過，臺灣人民已用「早熟」的公民態度，在來不及懼怕「中央民主戒嚴」或「地方黑道戒嚴」與「多數暴力」之前，就已經把綠營轟出了家門。留下一個幾乎已無人可以和中國國民黨相抗衡的空蕩蕩的總體場域。而期待，給自己的一個理由是，民進黨既然斷不了黑金，只好靠中國國

民黨自己來整治。

給自己的第二個理由，則是拼經濟。可是台灣沒有自己的歷史文化主體性，怎麼拼經濟；台灣沒有自己的文化創意連帶的設計能力，怎麼提高產值面對全球化的競爭。而這個建構台灣人民文化資產能力的工程才剛起步打底，就已被說成去中國化，或被曲解成搞族群分裂。因此基於中國國民黨長期忽略台灣民族的主體性，難怪李遠哲前院長會站出來點明，馬英九對台灣沒有投入，為選舉才學一兩句台語；為選舉才下鄉long stay，以及對對岸沒有中心思想；也難怪許信良前民進黨主席會回心轉意提醒大家，不要因為民進黨一時的迷失，而放棄台灣。真的，台灣的經濟已不可能會從天上掉下來，而是要靠台灣自己的文化能力；要靠台灣各鄉鎮崛起的社造能量，才能再創台灣的經濟實力。

但矛盾的是，台灣的決定好像都否定了這些。

13．高鐵的雲林啟示錄

「會過西螺溪，未過虎尾溪」

高鐵雲林路段出現地層下陷的危機，可是雲林的幸與不幸。其中，幸運的是因有高鐵經過才引起廣泛注意，也因有高鐵下陷的佐證，才可望勾起消失百年的虎尾人（Favorlang）溪之謎；但不幸的是地方農民馬上被誣指為超抽地下水的元兇，又假如沒有高鐵經過的話，恐怕地方沉光了也沒人在意。

雲林風頭水尾，但雲林其實是漢人開台的第一站（一六二一年），也是大片虎尾人溪流域的所在地。根據高鐵顯示的嚴重下陷路段，北起西螺吳厝南至元長北港溪，正好都在這條消失百年的虎尾人溪裡面，而中間下陷最嚴重的土庫則是溪心的位置。整條流域百年前流經虎尾的全境寬約六公里，再往西從台西、四湖到口湖扇狀出海，則約有三十公里之寬。

這條偌大的「虎尾人溪」，正是從一七二三年（清雍正元年）起，分劃台灣南北（設北半線彰化）長達一百六十五年（至雲林設縣的一八八七年止）之久的界線；又是阻撓荷蘭人北上，致使荷西兩國分治台灣南北兩地的大河；也是郁永和《稗海紀遊》（一六九七年著）所錄，能令牛隻「股慄」的天險。

但面對大河，歷史的選擇都是「避險」。那時，清朝將之視為界限，而另立彰化縣治理；荷蘭則耐住性子避開水流湍急的仲夏，選擇水深及腰的冬日突襲住在虎尾人溪畔虎尾人社的虎尾人，直到一六四二年才成功渡過虎尾人溪，趕走北部的西班牙人；而郁永和遇見大河選擇向東溯源，從上游的斗六、林內一帶順利渡過窄溪北上。

這些水利水文造成的難過性，在清朝實施海禁的「北米南運」年代想必最能體會和流傳「會過西螺溪，未過虎尾溪」這句百年台諺。不過，一九一〇年日本人則選擇了「征服」。當時，日本人為製糖開墾蔗作，遂在林內建立濁水溪的一、二號水門，截斷虎尾人溪的水源，並將虎尾人溪束洪築堤成虎尾鎮北境的新虎尾溪（現河寬僅約百公尺，出海口在毗鄰麥寮的台西蚊港）、流經虎尾鎮中部的舊虎尾溪（現河道只剩半百公尺，出海口在台西與四湖的鄉界），以及南界的虎尾溪、北港溪（溪寬約五百公尺，出海口在口湖與嘉義縣東石為界）等。

這使得先前壯闊達雲林縣全境面積約三分之二的水域，現在只變成我們眼前的三條小溪；也讓我們更難體會「會過西螺溪，未過虎尾溪」的道理。

總之，地層下陷不是偶然，而是因果，是長期的征服與過度的開發。如今，高鐵猶以「征服」之姿，將路線以最大化的加碼方式，經過百年來求「水」若渴的虎尾人溪流域，焉能不吶喊佐證：「會過西螺溪，未過虎尾溪」。

14・健康城市：從百年糖都到生活首都之路

二〇〇五年虎尾大坵田文化研究室舉辦「每日一萬步，活力虎尾，手牽手、健步走」活動，紀政小姐特地南下親率虎尾鎮民從虎尾糖廠出發，沿虎尾溪堤防走向虎尾科大進入中正路西安百貨商店街，經過德興宮再到虎尾故事館、虎尾布袋戲館和合同廳舍，大隊人龍浩浩蕩蕩走上中山路虎尾第一街回到糖廠的虎尾驛。宛如是一場從「百年糖都」一路走到「生活首都」之路。

紀政小姐領頭健步如飛，帶動整條人龍靈活矯捷地穿梭在虎尾的時光隧道。路是人走出來的，這一路走來，經過的景點著以穿越四百多年的歲月。而虎尾這個光榮的城市正想起動，跟隨大家想動起來的腳步，為自己的家鄉而走。一路上大家顯得朝氣蓬勃，也領受到了紀政小姐適時的機會教育，教大家走路的快樂姿勢，和如何走出健康的秘訣。這個城市也是一樣，走過百年糖都和空軍基地的光榮歲月，虎尾如何在兩大元素的真空中，走出一條屬於自己的康莊大道，把虎尾變得更美。

今年二〇一〇年鎮民許下「生活首都」的願景，將這條中山路虎尾第一街的南北軸線象徵為「從百年糖都到生活首都之路」，希望砥礪營造一個適合人居住並兼具生活、生態、生計，和生命，四生共生的生活好所在。於是縣府和鎮公所通力合作，以大型時光牆的設計，從傳統到現代完整地呈現虎尾的歷史，和從歷史裡走入人群的時光廊道，將糖廠和社區緊密結合，塑造新時代的虎尾美學。

那一年我們共同走過的這一條路，現在美夢成真讓地方亮起來了，入夜這裡變得更浪漫。人們也更願意走進來體會從糖都一路走到生活首都的滋味。透過這個滋味，我們看到健康的城市，人群正將幸福的滋味散發百分百的生活首都格局。

15. 虎尾文藝復興，鐵橋風華再現

林文彬敬覆聯合報一〇一年八月五日民意論壇《虎尾鐵橋斷，虎尾子弟痛》

拜讀 貴報民意論壇曾泰元教授日前所發表「虎尾鐵橋斷，虎尾子弟痛」一文，深表同感。但是身為虎尾鎮長，沒有悲嘆的時間，更無悲觀的權利；對於曾教授倡議修復整治被蘇拉颱風暴雨沖斷的虎尾鐵橋，將它重塑成在地人的驕傲，更是虎尾人義不容辭和刻不容緩之事。

「不容無情洪水，沖斷虎尾人的共同記憶；我們誓將眾志成城，再現虎尾鐵橋

百年風華！」這是虎尾鎮公所為此次斷橋事件，所舉辦簽名會上揭示的決心。我們更將慎重其事，在即將來臨的虎尾中元祭中舉辦「為斷橋而祭」的活動，為這一共同記憶的摧折，先集體療癒鄉親們心中的傷痛。

療傷之後，更需要實際的行動，筆者為行動找出的方法，謹提供各界參考：

一、透過公民運動，發揮社造精神：虎尾鎮是文化部所認證，「全台唯三」的社造亮點小鎮，不僅是因為虎尾鎮有諸多文化遺產、歷史建築和虎尾鐵橋等古蹟，更重要的是我們係透過公民運動和社造精神來加以營造，始有亮點小鎮的殊榮。虎尾鐵橋是虎尾人共同的記憶和驕傲，他的再造當然需要群策群力，集思廣益。此際要請各界人士、學者專家和鄉親們踴躍上公所網站鎮長信箱踴躍建言，共同獻策，共襄大計。

二、化危機為轉機，再現虎尾文藝復興契機：依據文資法規，損壞的虎尾鐵橋古蹟必須限期提報與整修，這也提供虎尾人一個重新思考後再出發的機會，筆者姑且稱之為「虎尾的文藝復興」。這絕非神來之筆或即興而發的想法，早在一九九七年，筆者即策畫推動「全國文藝季在虎尾」，當時以橫渡鐵橋的「虎溪躍渡」為名，舉辦一系列與虎尾鐵橋相關的單元，包括「糖鐵五分車之戀」和「尋找虎溪板仔橋」等活動，而現在正是重新啟動再造列車的時機。

三、不放棄、不拘泥、不執著：斷橋事變發生後，筆者即與文化部文資總局、水利署河川局、蘇治芬縣長、縣政府文化處、水利處、建築師及學者專家們現場會勘商議對策。當然以原地重建為優先，唯因全球氣候變遷，旱澇異常導致水文變異，亦須尊重修復小組專家學者們的專業風險評估，不能完全排除「保留斷橋供人憑弔，且另覓新址重點復建」的方式，以避免去年才慶祝完工啟用，今年就橋毀的情形重演。至於保留或重建，亦皆非單一選項，是否各有許多建設性的作法選項，也值得深入的評估探討。

虎尾鐵橋去年甫修建完成，且榮獲建築卓越獎，並定位朝觀光休閒方向發展，今遭逢驟變，固屬一大挫折，但相信虎尾人「打斷手骨顛倒勇」，一定能夠再次凝聚「虎尾共識」，秉持社造精神再出發，重現虎尾鐵橋百年風華，讓世人刮目相看。

現在，虎尾鐵橋除完成橋墩固著及撈起兩截斷落的橋體工程之外，更要感謝蘇治芬縣長力邀東和鋼鐵公司贊助修復工程經費。另公所也已提報計劃，重新啟動營造虎尾鐵橋環堤公園。

16・「虎溪躍渡・大崙腳」之虎尾進行曲

「虎溪躍渡・大崙腳」是一九九七年虎尾全國文藝季的主題，那次活動帶動了虎尾的文藝復興運動，也激發三項願景工程，分別是虎尾溪鐵橋虎溪板路的再造工程，虎尾郡役所的保留活化運動，以及中山路商店造街運動等，這三樣工程的濫觴都圍繞在大崙腳這個很有意思的虎尾宗教發源地，也都同時以大崙腳之名而獲得成功。

大崙腳是虎尾最早的宗教聖地，也是虎尾最早的市集。四百年來，大崙腳見證虎尾從五間厝再改正為虎尾的歷史，更聳立著虎尾最早喝到自來水的光榮地標，這個代表虎尾三高之一的百年的虎尾水塔，現在則呈現出水源路「虎尾文學散步道」的另外一番風情。

虎尾這個光榮的城市，一直在演化進步。就像新一代的作者謝清宏眼中的大崙腳，他看到的是一個仲夏的生態交響曲在大崙腳四周孵化虎尾生命的樂章。但我相信這個樂章透過謝清宏敏銳靈巧的畫筆，終將穿梭悠遊在「虎溪躍渡・大崙腳」之虎尾進行曲的樂章中。

17・七十年老店起乩：慶虎尾中市仔的再生

我太太是虎尾中市仔（虎尾鎮第一公有零售市場，位於中正路新興路上）的忠實顧客。每次買菜回家他都會傳述在菜市場的所見所聞，如賣魚的阿義今天說了要鎮長多吃這個新鮮的南洋質仔（吳郭魚）；大昨天說鮭魚是這一季最新鮮的適合鎮長多吃。菜市場裡就只剩幾攤漁貨，老實說不光顧阿義的還光顧誰。但他每每能口若懸河般地為婆婆媽媽們推薦家人適合的口味，倒也是他博得太太們歡心的秘訣。

但縱使他的推銷功力一流，一路走來，仍不敵虎尾糖廠的沒落和虎尾空軍基地的遷移。虎尾中央市場消失了這兩個虎尾的「葡萄糖」，中市仔也不免跟著昏暗起來，昔日榮景也突然間變得蕭條。

阿芸在市場裡賣雞肉已經有四十年的歲月，但她的臉皮卻不若雞皮的皺摺深，因為她還年輕，一個從中學生開始就學會賣雞肉到嫁為人婦仍難脫命運的安排留在市場裡手握利刃，天天剁著雞隻斬著肉塊，也因為她那麼早就踏入中市仔，難怪她一談到中市仔就有一股被命運捉弄的感傷，感傷中總是紅了眼眶擒著淚水。

阿芸是市場裡的長老，市場的興衰她都嚐過。以前阿芸一天可以熱賣四五十隻雞，現在最多一天賣不到一、二十隻。這時想退休又沒有退休金，小孩都大了，攤子空著也是空著，不賣也得交租金，阿芸無奈的茫然全說在臉上。走入中市場裡頭的昏暗空盪和市場外喧囂叫賣的熱烈買氣，簡直是兩個世界，兩種心情。

中市仔真的沒救了嗎？！感嘆之餘，阿香會長希望市場自治會能透過活動吸引人潮，挽救買氣。於是今年她陸續推出元宵歌唱賽、端午大摸彩，同時今年的中元節也已經計畫推出轟轟烈烈的超級性感秀，準備好好打響振興中市場的買氣。

我受到這一群媽媽的決心的鼓舞。虎尾鎮公所農經課也已兵分兩路，一方面向縣政府求援舉辦活動經費；另一方面則向經濟部中辦提出市場整修計畫。希望將中市場朝向具有歷史特色的觀光景點設計，提升出傳統市集的人文風格和濃郁的人情味，連結虎尾的文史景點帶動新一波的買氣熱潮。

基於這個目標，我想我們還有很多工作要做。第一、阿芸、會長已答應我要拋磚引玉講他們在中市仔的點點滴滴，我想虎尾中市仔的故事一定比「夜市人生」更賺人眼淚，更有偶像劇的吸睛效果；第二、接受虎尾鎮公所社區總體營造中心的輔導，學習社造精神和集體行銷的方法；第三、強化自治會團結營運功能，訂定年度促銷活動計畫，並執行能力。

這次促銷摸彩活動，記者忙著報導新聞，猶不忘開阿香會長的玩笑說，七十年老店也會起乩。這句話講的滿貼切，中市仔從日治時代到現在已有七十年歷史，是虎尾第一座公有零售市場，他的風華雖然已經隨著歲月老去，但此刻他願意重新站起來的不老精神，讓大家看到了轉機。相信虎尾鎮公所必然更高興趁此轉機，打造虎尾的商機。

18．虎尾今天很法國

虎尾今天很法國。記者趕到虎尾國小的起跑點劈頭第一句話。虎尾今天很法國。連講了好幾遍。是啊！二十多年前我被公司派到義大利去飛雅特學習，假日不管溜到那裡，總會遇到競速而過的自行車騎士，他們身著五彩繽紛的車衣車褲和頭盔，一身勁裝俯臥在變速的自行車上，狂放奔馳。簡直是帥呆了。

記憶中，他們從北部工業城的杜林穿梭大街小巷，越過高山飛過原野，競逐到東北邊境的威尼斯；一路上男男女女的騎士，英姿煥發地追索著文藝復興的氣息和米蘭大教堂的鐘聲，霎時來到路的盡頭，穿入海的地平線，化作魚群悠游在千年古城的嘆息橋上，這時面具嘉年華已在聖馬可廣場歡迎著這批騎士，浪漫中也參雜一份來自台灣的陌生。我似懂非懂地孤伶地只拍下記憶，包藏住自己的欣羨。

十年多後，我們一家人來到巴黎，巴黎鐵塔上正倒數著距離千禧年還有一百九十九天。從塔上俯瞰巴黎市景，大小凱旋門連結的香榭里榭大道，和橫貫這座城市的塞納河，盡收眼簾，腳下舟車輻輳，紛至沓來。跟台北差不多，但自行車環法公路賽讓巴黎更浪漫，讓法國很歐洲。嚮導加入這番註解，讓我印象深刻。但怎麼會一樣，台北差很大吧？！

七年前我參加第一次的台北馬拉松。從市府鳴槍出發沿路跑過國父紀念館、一〇一大樓、頂好商圈、世貿會館等，我才第一次這麼近距離地觀看台北的街景和人群傳來的聲響。我住過台北十多年從沒有過這樣貼近台北的感覺，和發現我與台北本有的關係。那時我終於體會這就是台北，這就是浪漫。

二〇一〇年六月二十日，虎尾環雲林公路賽正式上路。虎尾這一天湧進一兩千位來自全台的自行車騎士（按記者的說法，前一晚虎尾就很法國，街上到處都是自行車騎士，旅館家家客滿）。當天早上在虎尾國小校門前分成七個梯隊，每梯次二百多位騎士，在我和蘇縣長的鳴槍聲中，一梯梯選手浩浩蕩蕩地奔騰出發。他們的背影，一如我二十多年前在義大利看到的景觀；又一如十多年前在法國得到的啟示，和七年前在台北馬拉松的體驗。所不同的是，這裡是虎尾。

虎尾做到了，虎尾今天很法國。

註：二〇一〇年六月十九、二〇日兩天，感謝由雲林縣政府和虎尾鎮公所合作指導；中華民國自行車騎士協會與雲林縣漂泊者自由車協會共同主辦「虎尾高鐵繞圈賽」（第一天）與「虎尾環雲八十公里公路賽」和「虎尾環鎮二十五公里逍遙遊」（第二天）圓滿成功，首創雲林紀錄。

19．工業大縣與農業首都的弔詭

虎尾站起來，台灣更精彩

二〇〇五年蘇治芬縣長以「農業首都」的政見主軸贏得勝選的那一時刻，著已帶領民眾用選票戳穿和瓦解中國國民黨「工業雲林」的假面具。並宣告脫離假借工業繁榮假象的地方蹂躪，可謂掀起新一波的土地關懷與省思。

先前錯誤的定位，已讓雲林人嘗盡苦頭，還能接續下來也只是心理的意願戰勝了生理的條件，換句話說，就是聞雞屎的有，撿雞蛋的沒有。因為，中央對雲林財劃收入的分配（生產地至少分配財稅收入的30％）猷未重視；對雲林迭受工安污染的傷害（包括交通事故、罹癌比率、農漁減產、消防救災）迄未正視；尤其一再忽視對雲林的回饋承諾（包括隔離水道、長庚醫院、全民健檢、地方建設）。此無異是雲林做為漢人開台第一站（顏思齊、鄭芝龍於一六二一年登陸笨港）的光榮樂土的極大諷刺；也為雲林自荷據時代（一六二四年）以來流傳「會過西螺溪，未過虎尾溪」的捍衛戰士蒙上一層陰影。

回顧一九九〇年中國國民黨的雲林縣政府「獨排眾議」逕改「台西海上休憩場所」為「離島工業區」，並投懷送抱用獅陣迎接遠從宜蘭、桃園落荒而逃的台塑六輕落腳麥寮。誑稱（按二〇〇五年雲林縣已被農業首都的號召征服，也顯見縣民用選票否定了中國國民黨工業雲林的詭計，故現在已經知道那是誑稱，騙人的。）雲林縣將脫胎換骨成工業大縣，縣民人數至民國九十年將因工作機會的增加而回流增加至九十萬人以上（按目前只約七十三萬，已較當時不增反減三萬多人）。這些承諾言猶在耳，但都已跳票。而縣民所能做的，在派系和煙囪灰渣利益夾殺的壓抑下，只能自求多福。

這次工安事件，終讓民眾再度看到黨閥派系的偏執與台塑的傲慢，更看到派系拿人錢財與人消災欺壓百姓任人宰割的影子。工業與農業的抉擇已不待考驗雲林人的智慧？故鄉雲林老早是開台的第一站，也曾是荷據下捍衛台灣的第一人，虎尾人首開台灣光榮歷史的扉頁，終究要在這塊樂土，清楚找到定位，讓雲林虎尾站起來，台灣更精彩。

第六章：台灣民主與公民之議

1．當世界又熱又平又擠，台灣又冷又尖又散（一）

近期《世界又熱又平又擠》一書點出全球暖化、組織扁平化，和人口集中化的世界性問題之際，台灣現況卻相對的有「又冷又尖又散」的社會桎梏，企待解脫。

歸納導致台灣「又冷又尖又散」的氛圍主因有三：第一、人情關說；第二、認知衝突；第三、傻瓜效應。這些現象雖然也是世界性的通病，但台灣身為開發中的國家，卻猶深陷其中，則不免令人引以為憂。

首先，世界若是又熱，但台灣卻是又冷。又冷，主要是來自於台灣社會流於人情關說的社會事實。人情關說中的人情看似熱情，其實它只是互相算計利益交換之後的一張人情平衡表而已，可以說最沒有人情味。這對相對大多數得不到人情關說的絕大多數人來講，人情關說反而是社會上最冷酷無情的「黑槍」，一個人的才華因此而被暗殺；社會的公平正義也因此而被扭曲。人情關說導致無事不關說的現象。造成社會必要的惡，並相互猜忌。台灣的總體人情反而變得更冷。

其次，世界若是又平，但台灣卻是又尖。又尖，起因於台灣在國家認同的目標衝突，正處於統獨的對立，導致國人產生角色衝突、認知衝突等的嚴重認知失調。致使凡事不協調的焦慮感，造成凡事不一致的溝通窘境。如此長期社會滲透的結果，引發團體盲思的集體催眠，使得凡事只講立場，不問是非對錯。形成社會尖銳的對立。

最後，世界若是又擠，但台灣卻是又散。又散，來自於社會上凡事不盡力的競相混水摸魚，才不會被當傻瓜的傻瓜效應，渠等造成嚴重的社會浪費。如此社會傳染凡事不盡力的結果，往往變成三個和尚挑水沒水喝的社會事實。進而形塑失敗主義的心態，認定凡事不可能。造成社會鬆散不長進。

總之，《世界又熱又平又擠》是世界物化了的結果；而「台灣又冷又尖又散」則是台灣異化了的警訊，解決之道唯有理性化、制度化、民主化，與公民化的再養成，才可望台灣變得又熱情、又平順。

2・再論世界又平又熱又擠，台灣又斜又冷又散（二）

正當世界又平又熱又擠之際，台灣卻相對的又斜又冷又散。

台灣又斜，指的是台灣受中國國民黨的威權統治，加上長期白色恐怖的氛圍，人民心中的中國意識早已根深蒂固，現在卻栽贓台獨，把台獨貶抑成搞意識形態。其實台灣的意識形態早就被置入式行銷在你我的血液裡流動，流動著一股自然向中國傾斜，而難於自拔的迷障。像最近馬英九與陳雲林見面時顯失國格的卑躬屈膝，和台灣警察禁止、折斷國旗的賣旗求榮；及至劉柏煙自焚以死相諫等事件，歷歷在目。台灣到底是被誰的意識形態得逞、箝制，已不言可喻。劉兆玄曾說晉用的閣員不要有意識型態，結果呢，都往中國意識傾斜，就是馬政府的所謂沒有意識形態？

台灣又冷，指的是中國國民黨為了遂行統治，及消滅台灣意識。除運用壟斷的政治優勢之外，並把大量資源花在攏絡地方黑金派系身上，以台灣人治台灣人的策略，從中央到鄉村，全面包圍台灣意識，打擊台灣主體。並運用司法體系冷酷無情地未傳即拘的方式，乃至羈押逼供地癱瘓綠色執政縣市。

台灣又散，指的是台灣人民歷經威權統治、白色恐怖、選舉賄選作弊之後，國民性格更顯自閉，互不信賴，相互猜忌。尤其長期遭受中國意識，及黑金戒嚴的打壓下，台灣主體早已名存實亡，國格虛弱、耗散的結果，自然在陳雲林兵臨城下之際，門戶洞開，並上演自相殘殺的內訌鬧劇，藉以輸誠。即使「陸匪」人去樓空，台灣仍兀自慘存遍地烽火。

台灣迄今又斜又冷又散的問題，較之世界又平又熱又擠的警訊，毫不遜色，能不慎乎。

3. 台灣不敢面對的真相

正當高爾以《不願面對的真相》獲頒諾貝爾和平獎之際。其實，遠到天邊，近在咫尺。每個人都有自己不願面對的真相、痛處，而總體而言，台灣也有自己不願面對的盲點，且已到應勇敢面對的地步。

《不願面對的真相》裡高爾揭發全球暖化的真相，並敦促世人重視、行動、解決。那麼，台灣自己最不願面對的真相在哪裡？其實是社區，而社區最不願面對的真相是自明性，是黑金派系的問題。

比如我們講入聯、台灣正名，卻不願主動先把台灣的一些地名正名過來；比如最近我們為客運停駛砲打中央，卻不願先審視鄉鎮社區能做些什麼。其他像環境清潔、舊市場改造，我們只會推給政府，卻不願要求村里社區多做些什麼。其實，真相之一是我們幾乎忘了還有社區的存在。

真相之二是台灣的社區超大比例操控在黑金派系的政治氛圍中，如此當社造無法經過鄉鎮、村里或社區發展協會的選舉得到全新的洗鍊和肯定時，社造就等於只是孤芳自賞的窮酸把戲；更不幸的還會成為為虎作倀的化妝師。

而真相之三則是大家都想當爛好人，抱持著鴕鳥心態不願也不敢面對問題的真相，並討論尋求社區進步的解決方案，反而找理由搪塞把問題的癥結往外推，甚至幫社區的執事者找推卸責任的藉口，像沒經費、中央不補助等，久而久之便積非成是，充斥著失敗主義。

總之，現實主義者為了拉攏選票、樁腳，大家都不敢得罪黑金派系，任憑黑金派系在地方耀武揚威。導致台灣的價值典範錯亂，地方識別、認同混淆，積習國人不敢面對社區問題。長此以往，輕者阻礙地方進步發展的契機；重者嚴重影響台灣生存的總體競爭力。

因此，當務之急，除了應積極注入公民性格的養分之外；另外，目前只有中央的政黨輪替其實還不夠，還是要盡快透過基層政治的輪替，從底層改頭換面，人民才敢面對真相，勇於一起解決切身的問題。

4．為什麼不能有兩個政府？

金融海嘯帶給世界的警訊，到目前為止，人類還是只鎖定在經濟議題打轉。其實這是很危險的狀態，尤其歐巴馬只著眼於兆億美元的紓解方案有沒有過關；只循老路胡同構思加碼金額的多寡；或修飾辭藻暗藏保護主義的玄機。像台灣也只會發消費券。這個世界就因為這樣的迷思，也更顯露解構國家秩序的制度，此其時也。否則錯誤的制度本身本就無法承載錯誤的政策。因此，我們不得不問，為什麼不能同時有兩個政府？讓兩個政府可以同時提供服務，而不只是兩個政黨。

因此，面對新時代的經濟崩解，我們應該要問，我們的政治制度哪裡出了問題，而不是光回顧羅斯福的「新政」，或把小抄拿出來抄襲一番。

說實在的，難道世人還不懷疑，資本主義的自由經濟卻是被一套有限自由（至少人民要等四年才得以翻身）的政治制度所綁架。也就是說，一百年來，政治的自由已經跟不上經濟的自由。像現在我們只能眼睜睜地任由執政者在保護主義、獨裁主義，乃至獨占主義的「巨靈」掩飾下，任由人民聽天由命。民眾卻不能隨時像經濟行為一樣，可以隨時轉台向別家購買更好的效率和服務。民主的代議制度似乎出了問題；一個國家一個政府的制度，似乎已經緩不濟急；一個受保護四年的政府，似乎已消失應有的競爭力。政府通過消保法、反托拉斯法，無非想要保護民眾有免於被壟斷的自由。但事實證明最大的壟斷者正是這個制定法律的政府，正吞噬著民眾甘於受限的權利；和隨著只此一家別無分號的政府隨波逐流，予取予求。

總之，金融海嘯引發世界性的經濟衰退，當從政治的制度面思考人類下一個世紀的民主政治制度問題，而非只是單純的經濟議題。也就是說，應從政治制度的變革調適尋求解決之道，而非只是在老掉牙的擴張經濟的議題上打轉。

5・台灣政治的自由跟不上經濟的自由

地方建設攸關地方產業發展，能不慎乎

報載立委選後雲林口湖鄉的大排工程即將由生態工法改回混泥土工程，此舉除令人感到錯愕之外，也為台灣未來的發展感到憂心。

眾所周知，台灣近年來公共工程多所強調生態工法，主要希望能兼顧環保，與配合地形地貌，做到永續發展的目標。不過，生態工法在部分政客的民粹運作下，總被說成不夠堅固或規劃及施工期間太長，至被醜化成偷工減料等，無形中增加施工單位的困擾，也辜負有關單位的好意。但這些似是而非的言論未來若因官大學問大而都成了決策，勢必更惡化城鄉差距，要知地方建設攸關地方產業發展，識者能不慎乎。

記得年初至宜蘭二結借住民宿，清晨沿溪邊的綠波河堤騎腳踏車，多麼舒暢，河堤邊坡綠草如茵，偶遇孤立的大樹，景色美得不得了。民宿老闆客氣地感謝地方政府的遠見，才讓她們在自己的家鄉就能有一口飯吃。

而家鄉呢？記得民國八十九年，本地北港溪河堤翻修後就變成了一條水泥長城，事後部分地方耆老便認為與其如此何必重做，因為不僅他們原先賴以乘涼賞景的整排的邊坡上的菩提樹不見了；而且只敷水泥面的護堤那有先前的蛇籠防波堤堅固。尤其他們認為應該兼顧休閒做到涼亭、座椅，乃至觀景台等設施考量。但遺憾的是，當時地方民意代表執意能做到防洪就不錯了。官大學問大，使得這個原本有著左岸咖啡潛力的虎尾糖業文化園區，因此胎死腹中，直到現在虎尾不知因為這個不及格的觀念錯失掉民宿老闆的多少生意，和居民的生活品質，能不可惜。

6．「不自由毋寧（餓）死」

「寧要公義，不要經濟」

二〇〇八年九月二十九日來勢洶洶的七千億美元紓困法案，仍遭美國眾議院否決，美國這股無畏於股市應聲崩跌的民氣，可說是「只要裡子，不要面子」的人性反撲。這個偉大的日子，更無異是繼一七七八年法國大革命「不自由，毋寧死」之後，人類再一次向世人宣示新時代的誓言，「不自由，毋寧（餓）死」，這份悲壯值得紀念。

其實，美國七千億美元紓困案慘遭滑鐵盧，驗證世人唾棄資本主義社會，長期上演說一套做一套，劫貧濟富的假自由把戲，——老是要中產階級買單，——政府無能治理資本利得的殘局，通通要辛苦打拼的藍領階級付出代價。前此，台灣不也歷經這種災難，農會、合作金庫等壞帳均由政府概括承受，全民買單。資本主義已變成資本利得的遊戲籌碼，而自由頂多祇是安慰窮人自立更生的口號。國家可應驗八二法則，只為百分之二十卻佔有百分之八十財富的富人服務的應聲蟲。

兩個世紀前人類受夠了不自由的痛苦，向黑暗社會呼喊著「不自由毋寧死」，終獲自由。今天，人類受夠了假自由的捉弄，再度向黑金社會吶喊「只要裡子，不要面子」；「寧要公義，不要經濟」。現在，紓困法案就算被參議院通過，但眾議院貼近基層「不自由，毋寧（餓）死」的況味至少已躍然紙上，聊示公義。

7．國土規劃豈容民粹分贓

報載七處縣市首長煞有介事「進京趕考」，為的爭取升格直轄市。豈料評選結果一如中央口袋名單，落榜者大感受騙，引發爭議。

其實，國土規劃的神聖工作，不容用民粹式的分贓解決。但不幸的是台灣在不到十年之間，竟一而再再而三的從廢省到升格直轄市等荒腔走板的邏輯，打亂台灣國土規畫的佈局。令人遺憾、失望。

因為，直到今天，不只「省」餘緒猶存；大家還競朝直轄市的都市化方向發展，而這豈是國土的規劃佈局所願樂見？台灣族群豐富，人文多元，景觀特殊，並自然形成區域性的生活圈，很多公司行號在台設分公司時也會一如這自然天成的區域性條件，劃設如北基宜、桃竹苗、中彰投、雲嘉南、高高屏，和蘇花東等管銷單位，這種台灣特有的組織架構不管從因地制宜、控制幅度，或城鄉發展等角度思考，其條件均不遑多讓。所謂禮失求諸野，政府的公共行政組織何不向企業界的經驗智慧取經。

若果台灣能劃設成六大區域，各區域再從其中自成一直轄市。則必能照顧到多元文化的生存、發展與特色；也必能縮短城鄉差距，落實一日生活圈的便利性。

總之，這次的評選其實是最錯誤的示範，也是一個最不負責任的政府所要弄的把戲、噱頭。試問，國土規劃的事會是聽由簡報的創意、優劣，取捨升格為直轄市嗎？更何況國土規劃豈容民粹分贓，掩耳盜鈴。

8．日治與日據

我寧願相信「日治」，也不願選擇「日據」

「日治」與「日據」的概念不同，對台灣的意義更是有別。這就像中華民國的憲法到底是獨台、竊台、佔台，還是殖台、借台一樣，相信台灣人最冷暖自知。

堅持沿用國府時代以「日據」為基調的人士，概以馬關條約是壓迫性的不平等條約，致使台灣不得不割讓給日本，而形同遭到日本佔據；此外，又以捍衛台灣的主體性出發謂，台灣當時成立台灣民主國，並有多起義勇軍事件，證明台灣不願接受日本統治。

其實，中國清朝政府怎麼不割讓日本垂涎的東北，而要放棄台灣，主要原因是台灣是中國眼中「取之無味，棄之可惜」的化外之地；是中國在台灣沿續四百年來的外來政權的殖民之地。其次，台灣人是為捍衛自己的家園，也是對腐化無情的中國的一種對抗。但效忠「日據」說的人，竟意圖用日本佔據台灣來遮掩其出賣台灣的惡行，混淆台灣的主體意識。四百年前，荷蘭治台尚且知道編撰平埔族的「虎尾人語典」；日本治台猶知「舊慣調查」，以台為尊；而中國呢？

試問台灣有被徵求過願意接受中國國民黨的佔領嗎？試問中華民國的憲法有經過台灣人民的制定和同意嗎？試問被壓制的二二八事件、白色恐怖、威權體制，不更是台灣主體意識的表現，和對強權ㄚ霸的中國國民黨說不嗎？

中國國民黨非法佔台，根本不知恩圖報讓台灣有自己的主體意識，反而一再「得了便宜又賣乖」，「乞丐趕廟公」地以外來的中國意識強加在台灣人民身上，並且以終極統一，趕盡殺絕般地欲置台灣於死地而後已。

因此，兩相比較，同樣是外來政權，我寧願相信「日治」，也不願選擇「日據」；我寧願相信「中據」，也不願選擇「中治」。

9・「依政行法」還是「依法行政」？

大埔案「依政行法」沸沸揚揚；無家可歸的民眾卻得「依法行政」摸索捍衛自己的權益，結果正義未明，人已西歸，令人鼻酸。再者，洪仲丘死於中華民國國軍「依政行法」；而洪家要的真相，中華民國國軍則反過來「依法行政」，致石沉大海，更是諷刺。

假如一開始中華民國國軍就「依法行政」，洪仲丘就不會被送關禁閉，就不會被整死、虐死；又假如中華民國國軍後來也「依政行法」，洪仲丘之死的真相就不會被滅跡，真相不明。但事實正好相反，制度殺人的不幸就這樣發生。未來，制度殺人恐怕是中華民國的習慣，而不會是例外。既如馬王之鬥，就是更典型的「依政行法」；而王金平之能脫身，則是得力於「依法行政」，暫時保住逆轉勝。

這一切，假如一開始馬英九就「依法行政」，就不會有竊聽國會議員的水門之說，就不會有黃世銘的東黨之議，也就不會有王金平的故作無辜狀，鹹魚翻身；又假如王金平後來「依政行法」，就難敵總統的追殺，和黨國之力的反撲，而早就脫盔棄甲投降是問。但事實正好相反，湮滅正義的不幸就又這樣發生，制度殺人恐是習慣，而不會是中華民國的例外。

水災淹水五十公分以上的住戶可申請五千元的救助金，但同是住戶卻登記營業的商家則被排除救助，這個邏輯簡直令人抓狂。

另外，農作物災害救助的認定，全部仰賴公務員在「依法行政」與「依政行法」之間取得平衡。但公務人員為明哲保身寧願「依法行政」，也不願「依政行法」。到頭來苦的還是農民受災戶。但看高層「依政行法」高來高去之際，人民百姓還是得乖乖被「依法行政」綁架，苦不堪言。

10．台灣夢與中國夢

台灣有公民運動嗎？

前時習近平推銷中國夢時，令人不解中國在一黨獨大之下，那有夢想可言。若有的話，那只是他的主席美夢成真而已。人民只有效忠他的份。

果不然，俞可平說了，《民主是個好東西》，文中強調中國夢需要民主法治，需要自由平等，而中國有嗎？少了民主自由，就沒有作夢的權力，少了法治平等，就沒有實現夢想的機會。人不能當家作主，就毫無築夢踏實可言。

反觀台灣，沒有人說過台灣夢，只有阿扁鼓吹過有夢最美而當選過台灣總統。但台灣被中華民國的中國國民黨一黨獨大，獨佔，已向一中稱臣。現在，台灣還能作夢嗎？台灣還有美夢嗎？

中國共產黨的中國夢無非就是犧牲小我，完成大我的中國強夢。而台灣呢？

11．都是憲法惹的禍

公民運動還是愚民運動？

憲法是一個國家的根本大法，根本大法都被強佔、獨佔了，都不公平了，其他子法，其他制度的一切又一切，怎能有公平正義。一個沒有公平正義的國家，又怎麼會有公民，有的只是鴕鳥式的公民，有的只是自殺式的民主，在這個框架之下自以為是公民運動的公民，頂多只是順民、愚民。

憲法應該是大家的憲法、在地的憲法，但偏偏台灣的憲法是中國人制定，卻強佔台灣，異地實施的憲法。憲法應該是自由平等的保障書，但偏偏台灣的憲法卻只是保障中國國民黨一黨獨佔獨大的憲法。憲法應該是多元的憲法，但偏偏台灣的憲法卻只是中國意識形態的憲法。

現在，大家不察，這個台灣的憲法就叫作中華民國憲法。結果，吳敦義就嗆蔡英文不要臉，領中華民國的薪水，還選中華民國的總統。結果，連號稱民主進步的不少人，都說台灣是中華民國，中華民國是台灣。這樣的說法已不是放棄獨立的問題，而是民主不進步的問題。

因此，選民就嗆說，都統一、中國化了，那選馬英九跟選蔡英文有什麼差別？選民進黨跟中國國民黨有什麼不同？於是，二〇一二年的台灣總統大選，「台灣就是中華民國」的投降主義，不只輸掉了總統，還輸掉了台灣。於是，兩岸關係就被中華民國的憲法綁架，鏈結在中國的一中架構、一中框架，台灣只能被牽著鼻子走。連戰、吳伯雄、馬英九都振振有詞地說，統一是中華民國憲法的精神，中國是中華民國憲法血濃於水的祖國血統，台灣不能自外於中國，台灣不能搞獨立。

其實，這些都是不公不義的憲法惹的禍。都是台灣人縱容的咎由自取。現在，請問誰來「訂正」憲法，讓台灣在獨佔、獨立，或統一之前，先給台灣人有制定憲法的機會，先給台灣這塊土地有以台灣優先為在地的制憲機會，先給台灣各政黨平等，全體人民自由的憲法架構、正義框架。如此，先不問獨立、統一，先不問兩岸關係，先「訂正」憲法的公平正義。

12．台灣的自殺式民主，豈有公民

台灣的民主若不從憲法的改正，去掉中國國民黨的一黨獨占，則民主之於台灣，頂多是一條遮羞布，而台灣民主只不過是受中國國民黨獨裁殖民統治下的一種「自殺式民主」，被人掐住脖子受人框架的自殺式民主。而公民之於台灣，頂多是沒有了民主根頭，而被遮住眼睛、摀住嘴巴的「鴕鳥式公民」，但其實只是順民、愚民的表現，都未實際能從公民的本質立場出發。所以，台灣公民運動的發聲只不過是受到獨裁憲法支持的一堆廢話；受到自殺式民主框範的自殺行動而已。

13．繼新黨之後，中國國民黨又出黑黨

以郁慕明為首的新黨，因不甘國黨將被黑金吞沒，遂出走另組新黨，以誓忠堅捍衛統一大業。現在，另一派以王金平為首的黑金餘緒則正蠢蠢欲動，因不甘被馬英九一再貼上黑金的標籤，但除非中國國民黨已無奶水，否則她們仍會以國黨為母體，吸食殆盡，才甘罷休。

這兩黨一在外一仍在內，雖有不同，但她們都以吸食國黨的奶水為依附，也同樣都以中國共產黨馬首是瞻。新黨是因統一大業像共產黨靠攏，為的是一個理想。但黑黨是以私利為依歸，黑金無祖國，中國國民黨的奶水也將用盡，無利可圖。

新黨是共產黨對台的政治打手；黑黨則是共產黨對台的經濟打手。兩個中國國民黨的吸血鬼，現在都急著充當共產黨的哈巴狗。

最近，張安樂欲以江湖手法用錢買斷恩怨，為馬英九政府的關廠勞工一次解決三千萬元的債務問題。此舉引起包括中國國民黨在內的黨內外人士群起撻伐。這一現象，同時顯現黑黨若不自立門戶，恐怕黑幫也亦已在中國國民黨黨內寄生崛起。

14．政府無能無感，倒閣不如倒馬

針對馬政府的無能無感，且不忍台灣江河日下，報載在野黨欲於立法院提出倒閣之議箭在弦上。但倒閣不如倒馬，倒馬才能針砭時弊，為人民出一口氣。

台灣現時實施總統制，行政院長由總統任命，權責都在總統，總統愛怎麼任用行政院長是總統的責任，是他家的事，干卿底事，千萬不要予人有酸葡萄的心理。如今，錯既在總統自應由總統負責。所以擒賊先擒王目標應該倒馬，不是倒閣。更何況倒閣根本就是在幫馬英九脫罪，也就是說，倒閣反足於惠之。整起事件明明是馬英九做不好，怎麼會自動幫他撇清關係，而不倒馬呢？

再說，倒閣根本無濟於事，會被誤以為只圖作秀浪費國力，根本達不到行政改革的作用，況且權力在總統，也不在行政院長身上，尤其立法院是中國國民黨佔絕大多數，根本不會通過倒閣案。相反的，反而只會做球給中國國民黨在立法院形成多數的再次信任決議，屆時國人會誤以為行政團隊做的好，才獲慰留。屆時在野黨無異自取其辱。

此外，倒閣亦不如提出相關民生法案，讓百姓對照兩黨的版本，並藉機區隔以及闡述在野黨的治國理念，否則很容易被扣上為反對而反對，看不得別人好，以及光會耍嘴皮子的亂黨大帽子。

因此，應由影子內閣針對各項時弊提出政策說帖，包括國營事業弊端、十二年國教問題、國旗國歌國號以及憲法違憲、黨產歸零、貪瀆弊案、司法獨立、勞福健保、國力衰退、人民窮苦、財政失衡等等，在倒馬運動中帶動議題風潮，與建立倒馬的正當性。

15．台灣共識之一：馬英九出賣中華民國

「台灣共識」不外是台灣的前途應由台灣住民自決的一種基本認識。而這種民主程序是任何民主國家都會遵守的原則，既連宋楚瑜現在都知道說，這是台灣人民當家作主的基本要求。但可惜的是已經當了台灣總統將近四年的馬英九竟然不知道、不承認、不遵守這樣的普世價值。

電影《賽德克．巴萊》中，莫那魯道對著恐被滅族而沒有機會在臉上刺上圖騰的孩子們憂心的說，你們還回得去祖靈的地方嗎？因此他們願意為彩虹橋戰到最後一兵一卒。這就是他們的共識，也是他們的選擇。這樣的史詩情懷，台灣人懂，馬英九不懂。難怪，當魏德聖導演受訪說下一部戲最想拍的是台灣最初始的原貌時，馬英九竟雞同鴨講般屬意以劉銘傳為傳，可見其一心只想佔台灣便宜，一心只想為中國立傳，而不是心繫台灣，台灣第一。確實，馬英九的台灣就是和我們的不一樣，馬英九的台灣就是中國的台灣。

其實，魏導的意思是想還原四百年前的真實台灣，而不是一個被強權扭曲、壓制、戒嚴的不真實台灣。所以，馬英九不懂台灣，才會說台灣共識好虛無；見不得台灣好，才不願看到有什麼台灣共識。

《賽》片中日本人對著二郎說，日本給你們教育，建設地方，你們還不滿足；你們是日本人了，怎麼可以和日本作對。這些話聽起來，就像無感的馬英九在教訓被其殖民的台灣人說，今天你們選的是中華民國總統，就要遵守中華民國憲法，承認中華民國；更像是吳三桂似的吳敦義訓斥台灣人說，你們領的是中華民國的薪水，不該說中華民國是流亡政府。台灣人被壓迫的歷史一再重演，雖有過霧社事件、二二八事件等的反抗，但我們忘掉自己祖靈的人卻愈來愈多，願意為彩虹橋而戰的人卻愈來愈少。

而此刻，蔡英文的台灣共識正是喚醒像《賽》片中少年巴萬般的熱血一樣，要大家作自己的主人，為自己的尊嚴而戰。台灣共識即是新時代的祖靈，就像《賽》片中各社頭目與日本均尚未形成共識一樣，台灣共識只是一個開端，仍有賴台灣內部族群的融和和住民自覺的形成。而九二共識就像《賽》片中某社群與日本人之間的片面協議一樣，只有一個日本，沒有一台各表或一社各表的問題，因而在一個日本的九二共識下，社與社之間的征伐，終究留下沒有形成台灣共識的遺憾。

最近，馬英九的競選文宣竟自打嘴巴緊咬著問，民進黨的場合為什麼看不到國旗。為什麼？因為馬英九出賣中華民國啊，既連他自己都不敢用國旗面對中國；因為馬英九自己心虛這面國旗無關台灣；相對的，台灣為了包容這面國旗，所以還在等待台灣共識。

更進一步說，九二共識要真正成為台灣共識除了公投別無它途，就像陳水扁當選台灣總統，也不會妄下斷語說台灣獨立，除非通過獨立公投。因此中國國民黨以馬英九獲得七百多萬選票，就認為是九二共識的背書自許，根本誇大其辭，背離民主法則。而遺憾的是中國時報十二月七日的社論〈否定台灣共識的恰是蔡英文自己〉，正是用謬誤、荒唐、霸凌的心態辯護九二共識就是台灣共識。

大家不健忘的話，試問「反攻大陸」時期「殺朱拔毛」是誰的台灣共識？現在，九二共識又問過了誰？國民黨說改就改，說變就變，還哄騙台灣人說一中可以各表（其實，中國只認一個中華人民共和國，中華民國早就被其消滅了。），甚至強迫台灣人接受一個中國。很多人搞不清楚中國國民黨是在出賣中華民國，才連帶出賣台灣。更難過的是這樣一個昨是今非，立場反覆的流亡政黨，竟然能把台灣人騙得團團轉。各位，馬英九吹噓現在外交國不少且免簽證國增加，以及飛航城市增多等都是他的功勞，其實，這是拜景氣低迷，及觀光需求之賜，與馬英九執政何干；更何況台灣若早能獨立建國的話，早走出國際社會，外交國何止這些。

總之，台灣是被中華民國出賣了，而中華民國又是被馬英九出賣的。這只是台灣共識的開始。

16・拼經濟，馬只會死纏爛打

選前說民進黨搞砸台灣經濟，賭注抄襲韓式的六三三口號。選後馬上改口推說台灣經濟與世界連動，為「六三三壁紙團隊」的跳票消毒栽贓。

接著，五二〇馬政府上台，高舉自由市場主義大纛，完全否定前朝調控油價的苦心孤詣。但其堅持反應市場價格的結果終受不了民眾反彈，反連降七次，九二無鉛每公升二十點七元，創下自二〇〇四年以來的新低，過猶不及。先前還上綱為「節能減碳」的好處與重要性，如今都已成馬耳東風。

日前，主計處公佈今年第三季國內經濟，呈現負成長的百分之一點零二，這項指標甭說距離正百分之六太遠，老實說短短幾個月就露出馬腳，也未免太快。另股市喊話上看萬點，結果現已下殺四千點，早先在七千點就已引火自焚的股市仁兄，可更早看破手腳。

現在，執意舉債搞消費券，又漏洞百出，驗證主帥無能累死三軍。其實，笨蛋，問題在格局。馬政府的格局狹小之處，不只如此，像兩岸關係更是離譜。中共在國際上以一個中國，孤立台灣、圍堵台灣的結果，台灣必然要掉入中共挖掘的陷阱大談三通，甚至被牽著鼻子走，只認中國才是台灣搞好經濟的一盞明燈。然而，笨蛋，問題在主權。只有己立才能立人，己達才能達人。

一九三〇年，羅斯福的「新政」是立基於凱恩斯的《就業通論》，當時翻轉供給理論，主打創造有效需求，攻無不克。但百年來，新一波金融海嘯已淹沒自由市場的迷思與壟斷，而台灣還能死抱著「創造需求」這個恐過時的理論不放嗎？真的，笨蛋，問題在創新。這時候是不是也該是某種翻轉，或創新遠見走經濟的第三條路了呢。但馬政府好大喜功的「六三三壁紙團隊」，死纏爛打台灣經濟，可憐的台灣將伊於胡底。

17．搶救總統，停建核四，遷都雲林

報載馬總統女兒嫁居香港有國安問題，其實馬總統續住台北，續建核四才更有嚴重的國安問題。近日媒體披露馬英九不領情反核四二十多萬人上街頭的民意，仍老神在在地相信核四公投對續建有利，並執意續建的宣示與決心。馬總統此舉不僅背離民意，更讓自己深陷危險的境地，咸已危害國家元首的安全。因此為搶救總

統，國安當局應出面說明，不停建核四，就遷都雲林，以防台灣出現輻射總統幽靈統治的異常現象，確保台灣的正常發展。

台灣目前北部有核一和核二兩廠含蓋危險的範圍以一百公里計算則新竹以北為不安全區域，而台灣南境有核三廠其一百公里的危險區域包括到台南。如此台灣較為安全的區域只剩下苗栗、台中、彰化、雲林、嘉義、南投等縣市，但若核四再在北部續建，則其往南的威脅更大更遠，因此以安全和地利之便考量，則雲林最屬國安遷都的上選。

而且興建核四耗損經費恐達五千億台幣以上，並禍延子孫千萬年，有百害而無一利。尤其可怕的是，總統深陷高風險核災區域，罹癌風險增高，其輻射汙染導致身心靈無法診悉的異常，所造成對國家決策、施政作為的異常，更是國家無法承擔的浩劫，比真正發生核災還要嚴重。

此外，遷都雲林經建費用只要轉移續建核四所需填補之二千億台幣綽綽有餘。所以，中央政府應該盡速避開高風險的區域，遷都淳樸安全的雲林，以維國家安全，兼能振興經濟，平衡國土發展，有百利而無一害，台灣是幸。

18．爭設高鐵虎尾站的弔詭

二〇〇九年的過年前，蘇縣長與台北縣市雲林同鄉會，在台北向行政院發聲，訴求高鐵虎尾站設立，以縮短雲林人「回鄉之路」的迫切性；三月蘇縣長再與地方社團機關團體組織雲林高鐵站設立促進會；四月五日蘇縣長在高鐵虎尾站預定地登上空中吊車向呼嘯而過的高速火車，訴請中央編列「特別預算，立即設站」的特別手段。現場數千民眾聲嘶力竭吶喊著「望車興嘆，雲林人凍未條」的不滿心聲，此情此景真是令人百感交集。

其實，雲林是台灣史上漢人登台的第一站。早在一六二一年顏思齊、鄭芝龍即以雲林北港對台發展。但四百年過去了，雲林不僅未能成為台灣的中心，反而是台灣的最邊緣，人口外移最嚴重的地方。直到現在，就連既定欲設高鐵站的雲林也可能變成最後一站，甚至是無站可設的窘境。且極有可能成為雲林另一個未啟用就註定荒廢的「台西海園」（民國七十九年花四億興建，民國八〇年突然配合六輕變成離島工業區，致荒廢至今，既無人負責交代，也無補償雲林財政），或「虎尾漁市場」（佔地三甲，投資上億，從未開市，荒廢至今，現才活化再利用為虎尾鎮立圖書館）。

眾所周知，虎尾高鐵站周邊廣達四百二十公頃，相當於一個虎尾都市計劃區的新市鎮特定區，在民國九十二年起陸續投入一百〇五億開發經費，現在每年得支付利息一點五億元。這種「未能設站，即先裝潢」的錯誤政策，浪費的投資，簡直是慷縣民之慨。難怪，雲林老是最窮，像六輕來雲林可以不談稅收回饋；特定區建了卻是可以沒有高鐵站，這是什麼政府？這不就是政客被收買、雲林被出賣、被邊緣化的原因？像高鐵烏日站、竹北站等，那有什麼特定區裡完備的基礎建設，和特定區多處公園裡的遊樂設施？而虎尾高鐵站特定區裡的這些基礎工程、遊樂器材，正已任憑風吹日曬雨淋，在脆化破損中表達無言的嘆息。

這些錯誤的政策總該有人負責，誰向雲林人交代？所以，正當此刻雲林人辛苦爭取設立虎尾高鐵站之際，（其實，最有本錢談判爭取的黃金時期已過，現在只能「哀求」）恐怕全台灣的人看在眼裡都在竊笑，好處別人都拿走了，剩下的這些人還在背十字架；而且爭取到了還是那些人的功勞。爭設高鐵虎尾站的弔詭，莫此為甚。

19．「投錯票匭也有效」，脫褲子放屁

正當「一階段」與「二階段」領投票，中央與部分縣市主張不同而喬不攏之

際，各界何不先探討「投錯票匭也有效」的規定合不合宜？

選票「投錯票匭也有效」的規定，等同於選民可以把各種選票一起投進一個票匭，也不違法失其效力。如此，請問選民會怎麼做？又選務人員要怎麼管？答案非常清楚，這種用錯誤的規定修正本來就是錯誤的事情，簡直就是「脫褲子放屁」，只會造成混亂。此外，「投錯票匭」指的是例外，還是常態？若屬例外，有誰能享有投錯票匭的特權；有誰要被受到選擇性的糾正？另若屬常態，則又是誰把錯誤的規定拿來箝制人民的自由？

選舉投票是民主社會的家常便飯，照理講投票的流程應是考慮選民的方便性為最高原則，也就是愈單純愈好。但現在投票時還要把不同的票分別投進不同的票匭，反而是損害選舉人的隱私和秘密投票的民主原則。這不僅讓選務人員徒增與選民之間的紛擾；更妨害投票流程進行的順暢。

反之，選票可以顏色管理，並以「顧客導向」方便選民，將不同類別的選票印製成不同的顏色，然後選民只要把選票全部一次投進一個票匭，迨至開票時再由選務人員「辛苦一點」先行分類即可。不要讓選民一進入投開票所，就被一些無謂的規定「嚇」得緊張兮兮。總之，再累也不要累到選民，再麻煩也不要把麻煩的事全記到選民的頭上。因此，「投『錯』票匭也有效」的修正，看是開明，其實是一再違憲，且是最迂腐、鄉愿，最不負責任以及誤解民主、公民，最要不得的作法。但我們卻積非成是，習以為常。

因此，基於民主及秘密投票原則，應改正「『投錯』票匭也有效」的觀念。因為，選票本來就只要通通投進一個票匭就可以，而我們頂多只能從技術上去克服，也不能本末倒置，增加選民無謂的負擔與限制，妨礙選民行使選舉投票的自由。

20．立委不開會，雲林會變好？！

報載張嘉郡立委開會缺席排行榜第一名，害得雲林人沒面子。

其實，雲林不乏得第一的例子。像雲林另一位立委的父親買票賄選以一千萬元交保，就是破紀錄了。且該立委還能當上國民黨的立院黨團總書記長，更是台灣奇蹟。而目前被訴請當選無效，也是破天荒。

以前，雲林就得過家戶所得最低的第一名；人均綠地面積最少的第一名；最不幸福、最不快樂的第一名；萬人醫院病床數最低的第一名；十大惡性腫瘤死亡率最高，也是第一名。還有人口外流比率及人數最多，還是第一名。總之雲林得第一，已經習慣了。

這次雲林選出來的兩位立委，就有一位以不去開會的次數奪冠。確實叫人百味雜陳。雲林長期人口嚴重外流導致立委席次減半應成三個的名額也只剩下兩席，如今其中一席又不去開會，莫怪引人聯想雲林會惡性循環其實其來有自。這次更讓人顏面盡失，也不知該向關心雲林的人如何解釋身為雲林人的悲哀。

即從上述的數據，就不難察覺雲林雖地處台灣的中部，具有地利之便，卻早被虛耗成台灣的最邊緣。一步錯全盤輸，就像雲林有最大的六輕污染，卻始終沒有得到相對而應有的回饋；雲林有顏思齊登台的第一站，卻沒有展露出台灣應有的歷史定位。

長期以來，雲林沒有因為立委不去開會而變得更好，也沒有因為立委要去開會而變得更糟。但總是不要已經失去裡子了，還得賠上面子。

21・中秋烤肉的禁止與賄選

中秋烤肉假如需禁止的話，恐怕須先禁止賄選

台灣最近從總統到地方首長，均一窩蜂的搶搭節能減碳的風潮，欲以犧牲中秋

烤肉表現開明政治的作風。但他們起先天真快意的禁止想法，馬上受到挑戰，比如有人說不禁止工業污染的大烏賊噴煙，卻只顧向小蝦米的中秋烤肉喊話；比如說經濟景氣已欲振乏力，猶白目地平白扼殺秋節烤肉的商機；又比如說選舉買票抓了又放，黑金政治猖獗，還管這些雞毛蒜皮的小事。所以，這些不食人間煙火的台灣異類這回可全踢到了鐵板。

他們怎明白，台灣要有這個節能減碳的水準的話，就不會一手遮天地想強建八輕、大煉鋼廠，甚至為淡水快速道路、蘇花高等說破了嘴，還是要建。如此這般，竟異想天開的要革這中秋烤肉的全民運動的命，也未免太白痴。

22・嗆東嗆西，誰嗆黑金？

查理、阿珠、黃姓家長，以及李前總統陸續嗆扁、嗆呂，王金平借題發揮說這是新的全民運動，希望再一次政黨輪替，換中國國民黨救經濟。

其實，王金平太幸災樂禍了。台灣的問題若真在經濟，則新時代的經濟問題講求自由、創意、民主，也不應該再受制於國府五十年的老舊思想、官僚體制；更不該受囿與其連結的黑道黑金的箝制。

台灣這八年來輪替了中央，卻沒有輪替地方，地方百分之八九十還是掌握在中國國民黨的鄉鎮市長、縣市議員、鄉鎮市民代表等手中，這些基層在地方，簡直是上有政策下有對策，完全一副唱反調的姿態，基層資源、人脈幾乎壟斷在派系、黑金手中，但談到地方黑金政治，民眾敢怒不敢言，誰敢嗆黑金？查理、阿珠、黃姓家長，以及李前總統敢嗆嗎？台灣的根本都爛掉了，我們卻仍在虛耗打空砲彈，我們還只是柿子挑軟的吃，不敢面對問題的核心。

眾所週知，二〇〇三年阿扁大刀闊斧整頓農會，幾乎就要革除台灣的最大黑金本營樁腳，讓農會回歸本業服務農民，但那時李前總統還是屈服於舊思維和地方黑金派系的勢力極力反對改革，致使這項台灣政治清明的重大工程功虧一簣。回顧當時阿扁敢向黑金開刀，但李前總統卻只顧向黑金示好，阻擾台灣向上提升的改革契機。現在，李前總統還有什麼資格嗆扁。

此外，陳啟禮的世紀喪禮，社會輿論、媒體競相報導成大哥英雄，錯亂社會價值觀瞻，各黨各派噤若寒蟬，結果只有阿扁敢出頭向黑道嗆聲，並糾正輿論媒體的社會責任，這種心繫社會正義，捨我其誰的道德勇氣，能有幾人？

基層政治面對一股龐大黑金勢力能不迷失，又有一點點道德勇氣和堅持是非常不容易的。要是民眾任誰都敢向黑金嗆聲，基層就不會老是被黑金派系壟斷，阻礙台灣進步之路，台灣也就不會在原地踏步好多年，查理、阿珠、黃姓家長，以及李前總統敢嗎？

23・地方建設的美麗與哀愁（一）

台灣的城鄉建設經費落差很大，導致地方建設經費杯水車薪，復加上預算分配失當，不只加速了城鄉差距的惡性循環；更嚴重危害台灣的永續發展；和擴大與先進國家的差距，令人擔憂。

檢討台灣地方建設很大的比例是被「應付」在農業設施的建設上，像農路施作柏油路面，兩側施作U型溝渠，全線安裝路燈等等，從農路到排水、汲水溝渠，一眼望去整片原先美麗的農田已變成幾乎無一不是水泥化的設施，既連田埂也誇張到以水泥分界。但政府花下龐大的經費預算，結果農業產值竟然還是負成長，農民還是成天抱怨農事難為，試問這樣的投資建設合理嗎？尤其，從永續的觀點來看，這樣的建設著已鑄成台灣的生態浩劫。

再說，地方愈是這樣無厘頭的「建設」愈是跟不上時代進步的腳程。想想種田不只噴灑農藥，燃燒稻草，還要政府做唐吉柯德式的虛功，實在得不償失。因此，為什麼不讓農田回歸農田；不讓農田回歸自然？為什麼不讓非都市計劃區回歸非都市計劃區？

可以期待的是，當農田回歸農田；農田回歸自然；非都市計劃區回歸非都市計劃區的時候，他自然就是都市計劃區的綠肺；都市計畫區的後花園；各村莊部落自然就是民宿的最佳場域，也是體驗農事、享受風味餐、散步、慢跑、騎自行車等兼具觀光休閒運動的絕佳場所。屆時，根本不用刻意去闢建，而自行車道或千里步道的雛型就自然天成。這樣兼具生態、生活與生產的產值發展才值得期待。

另一方面，在都市計畫區宜進行都市更新與商圈再造，促進商店街模式的文化創意產業活動，創造群聚效應優勢，開發地方就業機會，吸引人口回流，並吸收離農人口。想想農家子弟外流總不比在地就業的實在，在家還可兼顧到父母的照應，及省下不少出外的無謂花用，一舉數得。

如此都市計畫區與非都市計畫區兩個區塊各司其職，各自發揮應有的特色、功能與效益，地方建設才有實質的意義。

總之，做對的事情比把事情做好重要。大家應該想想辦法，審視矯正台灣的地方建設，千萬別再讓台灣的美麗變成哀愁。

24・地方建設的美麗與哀愁（二）

之前我談「地方建設的美麗與哀愁」，我想觸發的現象是地方建設經費少，又被大量「應付」在農路溝渠的水泥化施設。結果，這種做法不僅未能有效提升農業產值，反而造成市鎮建設的排擠作用，並且危害台灣的生態環境。終究，這樣的地方建設不僅沒有把地方變得美麗起來，反而變成一個無言以對的哀愁。

這一回我接著來談「地方建設的美麗與哀愁（二）」，則要談另一個使人更悲哀的現象。現在，很多職掌地方建設的鄉鎮市公所除了應付性的做些農路、水圳和路燈交差之外，市鎮建設就是以一再的翻新柏油路面和清水溝、裝路燈等向「樁腳」交代。然後對於市鎮總體營造的作為則毫不搭理；連帶對於市鎮發展的方向認知也就無從探討；復又對於市鎮歷史的自我特色解讀內化毫不重視。導致無法回應市民對於都市更新、商圈再造等計畫的實現。於是農業既無法滿足民眾的生活需要；而商業也無法振衰起敝，終究是兩頭落空，加速環境破壞和人口外流。

這種悲哀似乎是雲林人命定的悲哀。但這回雲林人遇到有為的縣市政府，新政府，則急於改變這種悲哀的宿命，既然鄉鎮公所不做則縣政府自己來做，看是否能代位創造城鄉新風貌。於是新政府主動出擊，舉凡到地方舉辦國際性的大型藝術節活動；鎖定地方營造商店街、大學城等新商機；鼓勵村里推動社區總體營造等等，希望多佈置景點，營造特色，吸引遊客增加消費，良法美意，令人感佩。

但現在問題來了。試問誰知道地方？誰才能解讀地方？和地方是誰？的諸多問題馬上接踵而至，誰來提供答案。倘若怠惰的鄉鎮市公所從未準備也無能為力，於是就會出現「虎尾郡役所」被保留改利用成「雲林布袋戲館」，而不是「虎尾權力博物館」或「虎尾藝文展演中心」；「虎尾郡所官邸」被保留再利用成「雲林故事館」，而不是「虎尾故事館」（虎尾只是地方的原名，當然在「虎尾故事館」裡頭也可以說雲林的故事，甚至是台灣或全世界的故事，ＯＫ？）；還有更可怕的是，很多人曾在這裡接受過訓練的「虎尾空軍基地」，未來有可能被「滅跡」改利用成「雲林布袋戲傳習藝術中心」，而不是明實相符的「虎尾飛機公園」或「虎尾神風特攻隊飛行育樂體驗營區」。不獨如此，當人們走入虎尾商店街時，卻一點也無法從幽黃的藝術街燈感受到身在百年糖都的況味；而蛻去了老舊的糖廠紅磚圍牆，更一點也看不出虎尾糖都的光榮年紋。地方建設在不經意間徹底地把地方改型整容，從此嗅不出自己的糖鄉；也看不出自己的底蘊。地方就此被標準化、全球化地出賣、消失了。

過猶不及。但同樣無知。地方的「唯一性」正吃緊地被這兩股無知的主流力量消蝕殆盡，原先期待地方建設帶來的美麗，還是換來滿心的哀愁。而這種哀愁的滋味，卻是比第一回的哀愁還哀愁。

25．「沒經費，好辦事」基層官場現形記

「沒經費，好辦事」的怪異現象，可說是此刻正夯的基層行政文化。觀察這股歪風主要來自兩個原因，其一台灣政黨輪替八年，但基層並未跟著輪替，實際上還有高達百分之八九十的鄉鎮市長仍是站在與執政黨對立的反對黨角色，因此遇有民眾反映建設事項，所得到的答案，幾乎是千篇一律，以「沒經費」（隱喻中央不重視，不給錢）搪塞。

這種誤導導致地方的失敗主義變本加厲，既連民眾也跟著附和「沒經費」（沒希望、不可能），意外地幫不認真的地方主事者開脫責任一乾二淨。結果這些人卻是「省本多利」，「沒經費」不是不好辦事，反而是通通沒事。且基於政黨立場，省事還可以打擊中央。

第二個原因是源自長期以來的黑金派系當道，這些人顯然缺乏整體規劃理念與城鄉發展藍圖的腹案，因此只會將手上經費預算充作綁樁工具，被動地滿足樁腳和民意代表的需求，造成零碎式、重複式地虛擲於水溝、路燈、鋪柏油等等現階段較非投資型的經濟建設上，反而阻礙社區總體的營造發展。另當遇有較大型建設需要時，則推託立委爭取，然後一副事不關己的心態，還幸災樂禍地「綁架」立委說，「若黃牛，我們的選票就跳票。」此舉倒是讓這些人「省本多利」，果真「沒經費，好辦事」。且基於選票利益，省事又能照顧好自己的樁腳。

難怪，立委選舉在即，候選人紛紛端出「牛肉」，及競相比賽任內為地方爭取多少經費、多少建設。儼然變成一場「父母代小孩做功課」的爭奪戰，令人匪夷所思。

事實上，以前任誰也不敢堂而皇之地以「沒經費」當作「沒建設」的理由，因為那至少表示「無能」，自曝其短，但現在卻變成琅琅上口的推託之詞；以前爭取經費比背景、比關係，但現在大都是競爭型、自發型的計畫，要比的是地方特色、產業創意、生活品質等的總體積極思維。所以，正當部分鄉鎮市已掌握競爭力的契機大步向前總體營造之際，那些陶醉在「沒經費，好辦事」的錯亂邏輯的城鄉，可是不幸。

26．莫言之我的華語文學的幻滅

中國作家莫言獲得諾貝爾文學獎，我覺得的第一個我感到高興的地方是可以不用再讀翻譯小說了，因為翻譯小說有其內容但沒有共通的生活領域經驗，推理分析總是隔一層紗，無法呈現我有限而實際的人生體驗；同時翻譯小說縱然文辭再美也仍感受不到原文的法意，或說文體的構造總難引起我對內容之外的共鳴。

但是，在莫言之前，我又幾乎不看華語小說，因為在那一頭的中國的世界裡人們寫的小說不真，要不然就是年代久遠的不實，這些作品我通通把她們歸類為八股，我深怕受了他們的毒素而葬送我寶貴的創新能力，以及寫作的風格和模式，導致失去得獎的能耐；但反觀台灣，問題更大，大家說著台語的母語，卻硬要在書寫上心不甘情不願的用瘸腳而不輪轉的中文寫作，內容厚度有限也身陷八股之苦，同時台灣國語成份濃烈讓人難予咀嚼下嚥。我的一生的文學探索就這樣虛度空白，任性的只有倚靠翻譯讀本打探和保留我不受汙染的樸實和純真。既無法在翻譯小說裡獲得歸屬，也無法在自己的中文世界中取得認同，文字的修煉就這樣載浮載沉地困惑著我的一生一世。

而今莫言得獎了。我心喜之餘也不無悵然，總感到一生文學的目標得就此打住，別再癡意妄想，別再虛度光陰，再能得獎的華語人恐怕已不再在這個世代。而我所能回到現實的，就只須便宜的從他的作品中輕而易舉的觀照這個世代所可能發生過的一切，通過華語的不真不實窺探莫言的〈紅高粱家族〉、〈天堂蒜薹之歌〉、〈十三步〉、〈酒國〉、〈懷抱鮮花的女人〉、〈夢境與雜種〉、〈豐乳肥臀〉、〈紅耳朵〉、〈食草家族〉、〈檀香刑〉、〈生死疲勞〉、〈蒼蠅門牙〉、〈初戀神嫖〉、〈老槍寶刀〉、〈會唱歌的牆〉、〈小說在寫我〉。

我可不想被小說寫出來我的人生實境攤在世人眼前。我不想作透明人。我不想用台語的邏輯去駕馭中文寫出不真實兜不攏的台灣。

27．伸張台灣主權，應先解決台灣被獨佔的問題

報載親中媒體一致以蔡英文未來當選總統將是台灣災禍，進行攻訐。其中不當論述主要以台獨和兩岸關係崩壞叫囂蔡陣營將不容於中共，而不利於台灣發展。

其實，檢視馬政府一任多來一意孤行的傾中賣台作為，台灣現狀只有感受到中國的恫嚇加深，以及台灣愈來愈多的失利，根本沒有原先所謂的懷柔讓利之感，有的也只是大財團被當成樣板地從中謀利，並挾利要脅台灣而已。反倒是蔡主席洞燭機先，這次以台灣強調國家主權優先，揭穿中國國民黨的賣台制台伎倆。

不過，台灣的主權在那裏？台灣假如不是一個大家所熟知的民主政體，又從何定義主權的存在？又或者台灣根本不是一個民主政體的憲法，那主權又從何而來？而這個假的主權又有何意義？更嚴重的問題是蔡英文選上了總統卻要向這個被中國國民黨所獨佔的中華民國國旗、國歌，以及強佔在憲法裡的中國國民黨黨綱、主義宣誓效忠；不只如此，更難堪的是還要向中國國民黨的創黨總理總裁遺像宣誓效忠，這是哪一門子的主權，這又是哪一門子的政黨政治的總統？

所以，笨蛋，問題在獨佔，問題在中國國民黨獨佔。反之，放大、扭曲台獨、兩岸關係只是中國國民黨現階段連結次要敵人打擊、嫁禍民主進步黨的伎倆。因此，蔡英文的問題不是在台獨，而是如何面對解決政治被獨佔的不公不義。這就像聲討中國國民黨的黨產要歸零一樣，台灣的政治也要歸公，還政於民，讓中華民國的憲法更符合公平正義原則；讓中華民國的國旗、國歌更符合政黨政治的原理。大家共同站在民主的基礎之上，台灣才有主權可言。

所以，伸張台灣的主權之前，應先解決中華民國被獨佔的問題。同樣的，選總統的最後一哩路，也應先解決台灣被獨佔的問題。如此，選舉才能公平，主權才有可望。

28．馬辭去黨主席，不如辭去獨佔中華民國，還政於民

報載馬英九為中國國民黨敗選辭去黨主席。其實，馬與其辭去黨主席，不如留任改造中國國民黨辭去獨佔中華民國，還政於民。

其實，馬英九大可不必辭職，反而應留任並以總統的高度讓中國國民黨痛定思痛辭去獨佔中華民國的一切符號元素，以完成中華民國的轉型正義，達成全面民主化的歷史大業。

眾所周知，中華民國的國徽、國旗、國歌、憲章等均來自中國國民黨的黨徽、黨旗、黨歌、黨綱，更特別的是不管什麼政黨都須向這些意識形態和其創黨創國的國父敬禮，宣示效忠。這絕非是一個自由民主、政黨政治的國家所應有的政治體制。

然而，中國國民黨雖長期獨佔台灣的便宜，卻也同樣會輸掉選舉，因此何不自動退出一切獨佔中華民國的政治符號、元素，讓中華民國中立地去中國國民黨化，成為各黨、各派，及至全民的中華民國。如此，就像黨產應還返全民一樣，國家的符號元素也不應被一黨之私獨佔，而應還政於民。

因此，試擬中華民國中立的方法有二，一是中國國民黨應限期更新自己的黨

綱、黨徽、黨旗、黨歌等賦予不同於中華民國的一切識別系統；二則若屆期中國國民黨未符要求退出中華民國，則中華民國應自行徵求全民設計有別於一黨之私而屬於國家全民的符號元素。

這項改造工程大破大立，馬總統剩餘價值的一年任期應該足夠。

29・中國國民黨應還政於台

九合一選舉中國國民黨大敗，各種解讀紛至沓來，不一而足；甚至要求馬總統辭去總統及黨主席以示負責。惟前者當中仍未有人提及「還政於台」的因素，有必要不揣淺陋揭示補充；而後者屬中國國民黨的家務事，則勿庸自擾。

台灣受虐症候群，取自瑞典斯德哥爾摩症候群的現象，指的是受虐之後猶為歹徒開脫辯解的一種症狀。暗喻台灣長期遭受中國國民黨的白色恐怖打壓，直到現在一切的政治符號、體制、意識型態等雖仍一由中國國民黨佔據把持，但大家卻習以為常，不但有如鴕鳥般地視而不見，還在這些不對的前提，錯誤的體制屋簷下，努力地辯稱台灣民主，奢談政經改革，尤其這次選舉恐怕也未到全民深悟覺醒的地步，但選前「國民黨不倒，台灣不會好」的呼聲，似乎已讓台灣看到問題的核心。

台灣政經長期被中國國民黨獨佔的狀態，已被選舉的民主假象「收買」。事實上，台灣舉從中華民國的國號、國旗、國歌、憲法等，至今仍無一不是被中國國民黨的黨徽、黨旗、黨歌、黨綱，乃至他們的「國父」等所佔據，各黨各派仍須宣誓效忠，這一受虐症候群的處境、現象不改，台灣豈有公義，豈有政黨政治，又怎堪稱民主？

所以，還政於台，就像是討中國國民黨的黨產，還財於民一樣。「還政於台」更是勢在必行，也是台灣最緊要的功課，讓中國國民黨退出中華民國，讓中華民國屬於台灣全體人民所有，讓台灣的政治體制正常化，才能落實轉型正義，實現政黨政治，才是台灣長治久安之道。

作為上，淺見以為；一是應限期中國國民黨更新自己的黨綱、黨徽、黨旗、黨歌等之於中華民國的一切識別系統符號；二是若屆期中國國民黨未符要求退出、拋棄在中華民國獨佔的一切符號元素，則中華民國應自行徵求全民設計有別於一黨之私而屬於全民共有、共治、共享的國家識別系統。

這項「還政於台」的改造工程大破大立，馬總統創造剩餘的任期價值應該宣告，蔡英文的十年政綱應該著力。

第七章：民主尚未成功，台灣仍須努力

1．要求憲改才是公民運動的主戰場

近期公民運動如火如荼，且議題多元，但不知反核是否反服；反馬是否反中；反獨是否反日等等，台灣的問題確是一籮筐。

但其實台灣現在的問題仍在政治。若言經濟是問題重心，恐怕只是政治的煙幕彈、制度的遮羞布而已。台灣人民應認清現階段的問題是在政治的本質，而非在經濟。奢談經濟，經濟優先，恐怕是誤入中國共產黨和中國國民黨的陷阱。

在美國選舉總愛用「笨蛋，問題在經濟」封殺敵人，舉如柯林頓，當時就以這句經典的口號「笨蛋，問題在經濟」，而狠狠地板倒尋求連任的布希。但那是因為美國有良好的政治制度使然。所以，問題就在經濟。

何況美國最自豪的就是她們立國的這些制度，可以保證最平凡的總統也能治理，而國家不至於失敗。所以制度的建立、良瓢，攸關國家經濟的成敗，及長治久安與否。而好的制度才能造就好的經濟。美國既有好的制度作後盾，大家大可齊力發揮經濟。

但反觀台灣，因為中國國民黨在台灣長期過渡式、殖民式、威權式、內耗式、偏執式、壓榨式地統治，使得各項制度多有偏差，不公不義多所詬病。舉如國號、國旗、國歌，和憲法等被中國國民黨獨佔，以及被中國共產黨恫嚇把持的一中框架、九二共識；及至三權、五權憲法的政體未逮，總統制內閣制、精省廢省、行政區域劃分、財政劃分、政黨公平、黨產處理，等等攸關政經資源分配的制度，均因中國國民黨的獨佔而停留在不公不義的狀態，這些不解決，不建立制度，台灣的經濟只會是中國的經濟，只會是台商救中國的經濟，只會是中國挾持台灣的經濟。

因此，要求憲改才是公民運動的主戰場。要求中國國民黨退出憲法，要求中國國民黨退出中華民國，才是台灣一切公民運動的起點和目標。

2．改變，問題在政治

江內閣上路的第一（民主自由的）哩路，擺明就是用政治的方法解決經濟的問題——核四公投。這讓人嗅到政治高手的味道，也同時驗證台灣的問題還是在政治，不在經濟的悲慘事實。台灣應該藉此機會認清事情的本質，改正政治。

台灣政治的不平等不只於「鳥籠公投」的公投法，還包括政黨、黨產、國旗、國歌、國號，和憲法等根本大法，這些被中國國民黨獨佔的政治符號再不中立，回歸公平正義，台灣就永遠沒有民主自由的一天。一個沒有公平正義的台灣，經濟發展本就緣木求魚，疲於衰退，難於永續。

政治平等是經濟平等的保障，是民主自由的前提，是所有平等的先決條件，但在台灣卻很奇怪，明明就是不公平不平等的政治待遇，但台灣的政黨卻可以視而不見的集體麻痺在中國國民黨的政治符號之下，還出現受虐症候群般地妄稱中華民國就是台灣？事實上，中華民國只是中國國民黨的中華民國，永遠不會是台灣的中華民國。馬英九可以用藏在中華民國國旗裡的中國國民黨黨旗選總統，蔡英文卻只能用民進黨的黨旗選總統，這樣公平嗎？

因此，橫亙台灣眼前的問題不只是頭痛醫頭的修改公投法、政黨法等等而已，真正尋求永續台灣的公平制度，應該馬上要求中國國民黨限期退出國旗、國歌、國號，和憲法等的相關符號系統。若果中國國民黨不予自行改正退出，則國旗、國歌、國號，和憲法均應另行設計中立平等的符號、文字等，再交由全民公投決定。

總之，台灣值此核四公投已經被中國國民黨體制的不公平的政治殘毒綁架，馬江以逸待勞之際，台灣應見微知著，免於後悔，不僅要奮力反核成功，重建正義的市場法則，更要認清經濟被政治綁架的悲慘事實，將會是台灣永遠的噩夢，而打破這個不公不義的惡性循環，唯有讓政治平等，才能徹底保障經濟的公平與發展。

台灣應擺脫中國國民黨與中國共產黨用經濟的集體麻痺，用經濟掩飾不公不義的制度。台灣的問題在政治。唯有政治保障制度，才能確保經濟的果實。

3．笨蛋！問題在民主

江宜樺的第一哩路

江揆上路的第一哩路，竟然是翻轉自己《民主自由的理路》，用特務竊聽的不法方式捉王金平的賊，難怪學生以他為恥，要他下台；綠營也要倒他的閣。

但江揆為什麼不道歉？因為他仍渾然不覺觸犯了民主自由的理路。這才是馬政府的不幸。

其實，馬江真要捉賊，就應該捉真正的賊，把一個竊佔台灣，未經台灣人民同意就強佔台灣的賊先捉起來，實踐「民主自由的理路」，至少修改「鳥籠公投」的公投法；修正包括政黨、黨產、國旗、國歌、國號，和憲法等的根本大法。這樣台灣才談得上公平正義，才談得上民主自由。

總之，台灣值此捉賊不成反遭賊的混世之秋，又核四公投已遭馬江綁架之際，台灣不僅要奮力反核，更要揪出真正的國賊，打破不公不義的惡性循環，讓政治民主，才能徹底保障經濟的公平與發展。這恐怕是江宜樺的第一哩路，也是台灣追求公平正義，落實民主政治的第一哩路。

4．討黨產，還要討腦袋

正當公投討黨產的運動甚囂塵上之際，報載綠營立委也祭出「二二八事件暨戒嚴時期政府違法責任追究特別條例」草案，主張對「加害人」的求償權，可以考慮拿中國國民黨的黨產來賠償。

其實，國民黨該賠償人民的可不只這些，其中最特別的就是還要「賠腦於民」，也就是賠償台灣這一波「全球在地化」中所喪失的台灣競爭力的損失；也就是追究賠償人民因戒嚴所受的餘毒。這餘毒至少包括思想辯證的僵固、退化；身分認同的扭曲、錯亂；多元文化的忽略、蔑視；族群社會的不公、不義；黑道參政的放水、勾結等等，導致直到現在台灣一大部分的人還在自己戒嚴自己，自己恫嚇自己。比如猶不敢或不善表示意見，深怕隔牆有耳，敵暗我明；更不敢或不想提出進步的憧憬理想，深怕別人取笑癡人說夢，或不切實際與現實（地方政府根本做不來、也不想做）脫節。又比如仍舊認為政治地位是應該行賄，或應以黑金取得，不買票不行，充斥著失敗主義。

因此，數十年來，台灣幾乎是被強以中國之名淹蓋了生活台灣之實；更難過的是後期竟強以黑金之實壓迫著意識台灣之名。使得台灣的自明性與自我身分認同的能力幾乎遭到瓦解、摧毀。尤其，台灣的基礎踏查研究到現在仍大部分單靠民間文史團體的自覺、自力、自費研究苦撐。長此以往，一個沒有能力深掘台灣味道的文學、藝術原件，以及其廣泛的傳播、培育，就沒有能力創意設計，與開發市場具有台灣元素的產業經濟。最近當紅的日本藝術家村上隆就強調，「想在全球化的經濟體系中大顯身手，就必須要回頭找尋自己的身分認同。」他並舉例說，「日本不能只是模仿西方的味道，相反的是要加重日本的味道。」

而台灣的味道呢，在哪裡？我們已被多年的戒嚴弄得失去身分認同，且至今餘毒猶存。直到現在，我們才勉強開始辛苦的摸索、重建。所以，這些用戒嚴蹉跎台灣身分，塵封台灣味道的元兇，該不該「賠腦於民」，還台灣人民一個公道。

5．曹興誠的「兩岸和平共處法」連「國父」都反對

曹興誠先生不惜花費鉅資，四度登報推銷「兩岸和平共處法」，並以「統一公投」為基調排除「獨立公投」的見解，實在愈講愈離譜，甚至搬弄、消費沈富雄、林濁水，乃至簡錫堦等片意，推論真、假台獨，更是令人匪夷所思。其實獨立沒有真假，只有勇不勇敢；只有退不退縮的問題。

其實，曹興誠的「兩岸和平共處法」連「國父」都反對。所以，建議曹先生應該再重拾「國父思想」溫故知新一番。孫中山先生曾比較民族主義與世界主義，他指出：「強盛的國家和有力的民族，已經雄佔全球，無論什麼國家和什麼民族的利益，都被他們壟斷。他們想永遠維持這種壟斷的地位，再不准弱小民族復興，所以天天鼓吹世界主義，謂民族主義的範圍太狹隘。其實他們主張的世界主義，就是變相的帝國主義，與變相的侵略主義。」可知在沒有台灣獨立基礎上的兩岸和平共處法的流弊有多嚴重，如貿然實行，對台灣生存發展易造成危機。

「國父」為什麼會有這種主張的原因？因為他認為，「世界主義，我中國實不可適用！因中國積弱，主權喪失已久，宜先求富強，使世界各強國皆不敢輕視中國，賤待漢族，方配提倡此主義，否則漢族神明裔冑之資格，必隨世界主義而去。」

不過，他雖對世界主義之流弊，以及中國不宜於此時實行世界主義，有深入的瞭解，但他的民族主義與世界主義之間，都是可以相通的。他主張以民族主義為基礎，來實現世界主義之理想。只不過他認為，「彩票是世界主義，竹槓是民族主義，苦力中了頭彩，就丟去謀生的竹槓，好比我們被世界主義所誘惑，便要丟去民族主義一樣。我們要知道世界主義是從什麼地方發達出來的呢？是從民族主義發展出來的。我們要發達世界主義，先要民族主義鞏固才行；如果民族主義不能鞏固，世界主義也就不能發達。」因此，兩者在實行上的本末先後之順序，才是維持彼此良好關係的關鍵。

「國父」是兩岸少數的公約數，曹先生知書達理，何不以此思維，說服對岸先給台灣一條獨立自主的生路再說。

6．中華民國獨立了沒？

正當大家準備於五一九上台北嗆馬倒馬之際，其實「中華民國獨立了沒？」「中華民國有沒有獨立於中國國民黨之外？」「中華民國民主了沒？」更值觀注。

眾所周知，台灣到目前為止，猶被集體催眠似地須向中國國民黨的國旗、國歌，和憲法敬禮、效忠？為什麼？這種比共匪還土匪的結構性霸凌集團還能得逞？為什麼？正因為，台灣尚未民主，大家仍須努力。

這正是台灣被馴化了之後的危機，既連自稱民主先鋒，為台灣主權奮鬥的民進黨員，以及知識份子等，也渾然不覺，都還要向一個外來的流亡政權、死亡政權，敬禮、效忠？還說台灣很民主、太民主、太自由。

奇怪的是，台灣只剩中國國民黨了嗎？台灣不是號稱民主的國家嗎？台灣沒有其他政黨了嗎？台灣其他政黨的看法呢？她們還算是政黨嗎？舉辦選舉只是在鞏固中國國民黨的中華民國嗎？還是只是民主的表象？台灣人民對這個被強迫壓制的政治煉獄沒有意見、聲音嗎？台灣沒有民主怎麼號召中國質變？台灣其他的政黨都被收買了嗎？還是只是樣板？陪襯的花瓶？

這些問題都沒解決，中華民國還鳩佔著台灣，中國國民黨還霸佔著中華民國，中國國民黨都還沒有退出中華民國，中華民國都還沒能獨立自主，台灣就被中國國民黨牽著鼻子去談兩岸關係，轉移焦點。民進黨甚至還宣稱台灣就是中華民國，中華民國等於台灣。這不是操之過急，認賊作父，向中國國民黨投降了嗎？民進黨創黨的目的不是要打倒中國國民黨，建立一個主權獨立的國家嗎？

現在，台灣國還沒建成，中國國民黨也還沒被打倒。民進黨不能自亂陣腳。未來，台灣尚未民主，大家仍需努力。這才是現階段民進黨存在於台灣的價值。唯眼前台灣建國雖然力有未逮，但不能就去撿便宜鬧笑話，因為國家定位不比民生社會政策可有中間路線選擇，這就像蔡英文能權宜之計叫作馬英文嗎？所以台灣不容鬆動，應先求中華民國獨立於中國國民黨之外，築夢踏實，才是台灣主權獨立的開始，也才是兩岸關係的開端。因此，「中華民國獨立了沒？」一刻不容緩，台灣尚未民主，大家仍須努力。台灣加油，民主加油。

7.反對中國國民黨獨佔中華民國

中國國民黨如無賴房客，佔了便宜又賣乖

中時、聯合社論日昨（二〇一三年六月四日、五日）接連興師問罪般要民進黨說清楚講明白對中華民國憲法的態度，聯合並替中國政協主席聲討民進黨，敢不敢說不搞法理台獨，並承認中華民國是一個主權獨立的國家。

其實，民進黨泥菩薩過江自身難保，根本還未到搞「法理台獨」的階段跟能耐，而中華民國也未被聯合國承認為一個主權獨立的國家，或說中華民國根本不是一個國家。中、聯兩統一戰線在這個假議題的牛棚內鬥牛母，根本是多餘的。

須知，中華民國借住台灣要能自主，就須取個國名，中華民國憲法要能正當，第一、領土就要以中華民國「賴」以生存的台灣為主；第二、國旗國歌國號憲法應去除一黨獨佔化，先回到基本的法理民主；第三、中國國民黨應不能老當無賴的房客，佔了便宜又賣乖。

因此，中、聯統一戰線應不能也當無賴房客的打手，逼問被鳩佔者、受虐者、被囚者說，你怎麼不承認它佔的有理，你怎麼不服膺它們的憲法規矩，你怎麼不向它們的一中主張靠攏，你怎麼不高喊中華民國萬歲。

相反的，在這之前，中、聯兩者應先要求中國國民黨主動、限期退出在中華民國憲法裡獨佔、霸佔的因素，搞好中華民國憲法的「法理民主」，讓中華民國憲法真正屬於大家的憲法，而不只是一黨一私的憲法。如此，中華民國或許會是一個被台灣認同的主權獨立國家。

8．三民主義退出中華民國，在「台海人權決議文」之前

針對中國、聯合兩報社論於五月二十七日專挑「台海人權決議文」的韃伐，令人吃驚；而民進黨迄未回應，令人不解。兩則社論通篇都以中國共產黨的代言人自居，露骨地以中共的統一史觀指鹿為馬，錯誤解讀台灣是中國的，並妄稱台灣不能自外於中國，且不能把中國當作敵人，否則既連民主的普世價值也沒用。其實，台灣曾領教過朱鎔基外加飛彈的恫嚇，但就沒看過報社利用媒體的自由，針對台灣以比朱還朱的方式，恐嚇台灣人，難道中國共產黨真的入台作怪？

其實，台灣現階段與其處理「台海人權決議文」，不如先處理中華民國的人權黑幕，將中華民國去中國國民黨化，其中主要包括去除國徽、國歌、國旗，以及憲法裡面涉及一黨之私的獨佔問題，均應平等化、公平化、人權化。

這個事關民進黨黨權，也攸關全民權益的問題，應盡速有效保衛自己黨的主權，才能證明黨有意願、有能力捍衛人民主權。讓民眾期待這樣具有主權意識的政黨才能為人民爭取人權？而這樣的政黨也才能在兩岸人權上做出一些道理？

因此，中華民國在尚未建立公平正義的憲法之前（此與台不台獨、法不法理台獨完全無關），應代之以「中華民國人權決議文」通過對中華民國憲法提出全面性

的違憲釋憲，要求組成「中華民國人權委員會」，限期要求中國國民黨退出憲法裡面，以一黨之私置入的主義、符號、色彩、旗幟、詞曲等黨國不分的元素，以回歸公平正義原則和精神，建立中華民國的公義憲政體制，也才不會貽笑大方，被中國訕笑中華民國更是「不公不義」的龜笑鱉無尾。

9．十月國慶要光輝，只有中華民國獨立

項莊舞劍，意在沛公。而馬王舞劍，卻意在促統。

馬英九的如意算盤，就是藉王金平的關說案，提振自己的正義形象，挽救低迷的民調。但人算不如天算，打不死毒蟑螂，還差點反被毒蟑螂打趴。

但大家不要健忘，馬英九曾以十八趴的爛政績贏得連任。主要是馬英九的九二共識和承認一個中國的終統意識，獲得中國共產黨和台商的護航，才反敗為勝。這個經驗告訴馬英九，也告訴台灣人，只要向中國賣台示好，就有糖吃。現在，馬英九果然食髓知味，利用「佔台國慶」再度賣台謂，兩岸人民同屬中華民國，兩岸關係不是國際關係。像這樣媚共，獻中的行徑難保不愈來愈猖狂。把出賣台灣當成投共的獻禮，以保障自己的政治利益，和保證中國國民黨的繼續執政。

台灣的民主是一種集體受虐症候群下的自殺式民主，它的前提有三，第一、台灣不能獨立；第二、台灣不能自外於中國；第三、台灣的中華民國憲法不能自外於中國國民黨的獨佔。因此台灣的民主只侷限在選舉，除了選舉其餘免談。這種模式一旦被鞏固，台灣民主便只能在被規範限定的緊箍咒裡玩等同自殺的遊戲。

台灣民主了嗎？台灣有民主的話，這個民主的定義一定是跟大家所熟知的民主有所不同，這個缺陷的、殘障的台灣民主姑且叫做自殺式民主；台灣有公民嗎？台灣有公民的話，這個公民的定義也一定和大家所熟知的公民有所不同，這個愚民的、順民的台灣公民姑且叫做鴕鳥式公民。可是為什麼台灣到現在還都一直往自己臉上貼金，說台灣很民主、太民主；又自封為公民運動，搞得沸沸揚揚不可一世，但主事者馬英九卻一點也沒在怕。

台灣的假民主主要是憲法是一黨的憲法、國歌是一黨的國歌、國旗也還是一黨之私的黨旗，憲法、國歌和國旗都是一個國家最主要的象徵，最根本的國家大法，也應該是一個國家各政黨的公約數、共識，但台灣的政治學家，立法諸公，各大政黨不是癡人說夢，台灣這陣子興起公民運動，為有別於政治運動，自命清高。

一個國家公民運動看似堂皇，實則只是愚民的運動，或說是順民的運動而已。

公民運動者也不要洩氣。因為台灣的政黨已被妥協，失去辨正的功能。執導的中國國民黨已失去台灣性，已被中國共產黨挾持。台灣除非革命，正義自由平等，終無天日。但天佑台灣，現在仍有一絲自稱公民的運動存在政黨之外，為台灣真正的公運動蓄積能量。

10．台灣被中國國民黨獨立了嗎？

報載中國國民黨執政的十八縣市，將採「二階段的領投票方式」和中選會的「一階段」做法唱反調。此舉，不僅荒謬，而且提前爆發「台灣獨立」的弔詭。

前此，北縣與中央的警察權鬧的不可開交，早已有劃地為王的態勢；地方單挑中央，中央勸不住地方，令人為這個國家的「內亂」感到憂心。

現在，反對黨食髓知味，竟變本加厲，居然堂而皇之地聯合地方起來對抗中央。可弔詭的是這擺明不是提前「台灣獨立」嗎？因為，中國國民黨不遵守中華民國的國家體制，想自立門戶，自搞一套規矩，獨立於中華民國的選舉方式之外，這豈非「台灣分治」？

而民進黨向來小心處理的獨立問題，向來只想跟敵人脫離關係予台灣人當家做主的目標，竟然不知不覺的被一心想與敵人終極統一的反對黨給提前實現了；被同在台灣的自己人給先鬧「獨立分治」了。這可是家賊難防。而這可怕的「內亂」，是不是搞「統一」的前奏，也不禁令人質疑。

因此，當大眾為此亂象感到擔憂之際；其實，更嚴重的問題是，台灣政黨輪替八年，但基層根本沒有一起輪替下，絕大多數縣市、鄉鎮市仍被統治在黑金派系和中國國民黨手中，其為反對而反對，與中央的關係早已是「上有政策，下有對策」，完全一副唱反調的姿態，並且慣以中央「不補助，沒經費」等推託之詞怠惰地方行政計畫和效能，儼然中央一國，地方一國，形同一國兩制的獨立分治狀態。這恐怕不是台灣人民之福。因此，倘若反對黨慫恿地方有恃無恐地再這樣繼續「內亂」，內耗下去，難保台灣不萬劫不復。

11.放棄獨立，等於放棄台灣

台灣獨立不是沒有市場，從早期黨外運動的啟蒙，到現在能有過半數的實力，並已曾經政黨輪替的現象觀察，台灣獨立不是沒有市場，而是原先號召台灣獨立的人，動搖「獨」本，自己出賣獨立，掉進中國透過中華民國框住台灣的陷阱，這種破壞拆解獨立市場的嚴重程度可說積重難返。

像主席候選人中有人一反立場，以大膽西進的論調贊成台灣就是中華民國，台灣共識就是中華民國憲法共識等，就是最明顯的例子，也是民進黨最難堪的問題。但是這些創黨元老現在竟教育黨員要認清事實，認清應屈服於中國國民黨霸佔中華民國的事實，認清不向中國低頭就沒有明天的事實。一如中國國民黨從反攻大陸變調到兩岸統一，說捉賊的是中國國民黨，喊救人的也是中國國民黨，台灣人任人擺布的惡運，不只中國國民黨霸凌台灣人，現在既連民進黨的部份大老也裝模作樣地反過來要拖黨一起自毀長城，其政客行徑簡直比中國國民黨更中國國民黨。

其實，民進黨拋棄台灣獨立，等於賽德克巴萊拋棄自己的祖靈，也就等於拋棄美麗的彩虹。民進黨面對現階段的困難不是放棄能夠回到祖靈的印記，而是應找尋解決現階段困難的論述或方法，否則等於投降主義，等於自外於台灣，如此一個缺乏本體性的政黨，予台灣何益，又與中國國民黨何異。

12．台灣尚未民主，院長仍須努力

去年報載中研院院長在立法院教育及文化委員會議答詢表示，「國人不解民主真諦，導致政府失效。」其實，院長所言差矣，若果台灣人真能瞭解民主真諦，中華民國政府早被革命推翻，中華民國早被推入大海了。反之，該遺憾的是，台灣根本尚未民主，況且政府失效也是自找的。所以，院長用錯誤的前提，引申出錯誤的結論。一葉知秋，台灣的斯德哥爾摩症候群（簡稱台灣受虐症候群）有多嚴重。台灣尚未民主，院長仍須努力。

13. 黑道戒嚴和戒嚴遺毒

二〇〇七年十一月十三日（星期二）刊登 自由時報 自由廣場版頭文章

報載陳水扁總統一句「戒嚴」的氣話，竟被藍營大做文章。其實，像台灣所受戒嚴的遺毒，和「黑道戒嚴」的亂象，這筆爛帳還有的跟藍營算呢！

戒嚴的最大限制，就是失去行動的自由，尤其在威權時代更加失去思想的自由，這種失落等於失去了人性，和做為一個人的尊嚴。台灣人民歷經戒嚴四十年，切身之痛最深，期間也發生過許許多多荒誕無稽的往事，令人不堪回首。可是，現在解嚴了。但人民的思想還相當程度禁錮於戒嚴時期的窠臼而不自知（這損害不知道可不可以申請國賠或黨賠？）。以至於無形中還在自己嚇（戒嚴）自己，如不敢表示意見（缺少自主性）、不敢作夢（沒有願景），甚至是凡事不可能（失敗主義）。

這種現象隨著城鄉差距的擴大愈是明顯。尤其，公民文化未予接補的落差更造成黑道乘隙而入的機會。黑道壟斷地方政治的結果，便出現「鄭太吉現象」，演變成議會叢林，論拳頭不論數人頭；論武力不論高學歷等劣幣驅逐良幣的惡性循環，導致地方社區民眾冷漠疏離；任由黑道操縱把持的結果，使得人民噤若寒蟬的效應，比戒嚴還要戒嚴。

所以，台灣現階段某些地方某種程度還是處於「黑道戒嚴」的狀態，在黑道統治下，人民未必處於水深火熱的環境（只要不擋人財路），但相對於地方的主題性、競爭力等發展性便大失所望，同時相對被調侃為「黑道故鄉」的受辱感一定會增加；而相對缺少故鄉的自豪感、幸福感則一定會直直落。

因此，當台灣不再戒嚴之際，可別忘了另一種「黑道戒嚴」和「戒嚴遺毒」，還在荼毒著台灣啊！

14．台灣教育嚇嚇叫

二〇〇八年四月十七日（星期四）刊登中國時報 時論廣場

報載劉兆玄組閣希望教育部長人選不要有意識型態，此一標準真的教人嚇了一大跳。試問劉準院長，不要有意識型態，指的是要拿掉到現在還摻雜很多中國化，尤其是中國國民黨化的意識形態呢？還是要拿掉杜正勝的本土化？若答案是想要通通拿掉，那恐怕是要再兩個杜正勝才能有一點斬獲。

所以，你是要一個沒有意識形態的人繼續搞充斥著有意識型態的教育；還是要找一個有意識型態的人把台灣的教育平衡成沒有意識型態。

回顧台灣的教育問題重重，教改一開始就叫人捏一把冷汗，因為以李遠哲博士讀三民主義只花三個月的時間就能順利考上大學的智商來改革教育，未免會錯把駑鈍愚庸之輩的人當馬涼，也會錯把台灣的家長當公民。果不其然，建構數學還沒搞清楚就給解構了。你瞧，我們教育出來的保守的去社區化的意識型態有多深，到現在談教改都還太沉重。

台灣的教育打從幼兒時期就凸槌了，各鄉鎮紛紛取消村里的農忙托兒所，競相蓋起大型的有如集中營式的示範托兒所，五六百人集中托育，遠離社區，遠離這塊土地，連帶的只留下一群老人無助地與不再充滿歡笑聲音的空蕩蕩的社區活動中心為伍。

上了小學，還在猛打哈欠就被父母親趕著上學；等到放了學，好想舒展一下筋骨，就又被安親班帶走，直到父母親再來「接駕」，這時大家已折騰得滿臉倦容。

美國前總統柯林頓曾回顧他最得意的政策之一，就是把小學生的班級人數從二十四人降低到二十一人，雖然這會讓國家多出一百億元的花費，但要維持世界的領導地位，必要這樣做。而台灣還有什麼不捨的？

上了國中，填寫週記，竟是無關痛癢照抄報紙的一週大事。為什麼不能撥出部分空間，讓學生扮演社區記者的角色，練習紀錄生活在村里裡的所見所聞的大小事情。培養孩子觀察社區、關心土地，甚至是說寫故事的能力。

等到了大學，猶多以外國的理論的意識型態掛帥，學了一些隔靴搔癢的鸚鵡式對話。難怪，學生上了大學反而愈像讀高中只想補習考研究所。相對的更沒有興趣參與學生社團活動。從而教育篤定的可以訓練出一位總統，但恐怕難予養成一位偉大的總統。

總之，台灣一時間要教育跳脫意識型態的牽引，除現有結構外；但看準院長的意識，恐怕也不是那麼容易。但要加重社區多元認同，少一點國族唯一認同，以及廣泛深耕這塊土地，該不是很難。

15．台灣獨立，台灣獨佔

二〇一四年七月二十四日（星期四）刊登 自由時報 時論廣場

民進黨再度執政的最後一哩路，咸認是台獨黨綱作梗，為此部分黨代表發起乾脆廢除台獨黨綱條款，理由是既然做不到，何不廢除解套。

這個問題其實可從兩個方向檢討，其一是，台灣還需要台獨嗎？還是台獨已被攻敗？其二是，台灣已是一個主權獨立的國家嗎？還是台灣的主權已被獨佔？

凍獨、無獨、不獨，其實都是失敗主義，作為一個政黨，可以失去執政，但不能失去鬥志；可以失去鬥志，也不能失去理智。更何況，獨立是台灣永恆不變的選項。

因此，第一個問題的答案已非常明顯。但遺憾的是，大家不是選擇鴕鳥的方法，不願面對問題；就是自欺欺人，甚至還想借殼上市。

台灣要對外獨立，第一步應該是先求島內的獨立，其中當然是為人民求得政治的平等，以及求得政黨的公平，而島內獨立的第一步，就是解放鬆綁憲法、國旗、國歌、國號、國徽等政治符號、意識形態等不應被一黨一派獨佔。

然而，台灣的主權已被中國綁架，被中華民國獨佔，而中國國民黨則坐收漁翁之利。這樣一點也不符合民主原則、比例的台灣，學者專家、政治人物竟然都視而不見，太陽花、野百合學運也都避重就輕。

所幸，台灣還有民進黨、台聯黨等，這些本土政黨的責任是先要為台灣人民爭取主權的平等和人格的獨立，之後才可望對外爭取台灣的主權和獨立的國格。但台灣現階段根本未到獨不獨立的問題，而只有解決獨不獨佔的問題。

為此，中國國民黨可以選擇由自己放棄獨佔，或是經由公民運動，還憲法、國旗、國歌、國號、國徽獨立清白。

16・香港占中與中占港台

香港占中這場雨傘革命，已引起全球廣泛的關注、聲援，台灣與其一海之隔更是有同病相憐之親，奧援聲勢自不在話下，但兩者普選程度雖然有別，卻同樣是遭受政治被獨占的厄運。

獨台、獨港是港台兩地的共同噩夢。前者是一切政治資源、符號假民主之名受中國國民黨一黨獨大獨佔；後者則是由中國共產黨以一黨專政之姿所獨占。爰此，香港人要爭民主除非推翻一黨專政的政權，否則根本就是緣木求魚。

所以，占中之舉是一場對牛彈琴妄想普選，奢談選舉作主的覺醒運動；反觀台灣，台灣雖有全面選舉的自由，卻是被挾持在中國國民黨一黨之下的自由，更是以中國國民黨為基調的民主；也就是說，台灣雖有政黨政治之名，卻沒有政黨政治之實，雖是號稱民主自由的國家，卻是最一黨專政的地方，民眾猶被催眠似地生活在鳥籠般的自由民主裡而不自知，舉台上下統一都要向中國國民黨的黨徽、黨旗、黨歌、黨憲，和創黨人敬禮效忠。香港占中，多麼諷刺；其實，香港、台灣早就被中占了。

香港是回歸了，但不幸的是香港回歸到一個自由民主倒退的中國，現在不得不用占中的方式表達不滿。而台灣呢，台灣則是被魔幻般的假民主假自由所蒙蔽。占中其實只是一時，香港、台灣都被獨占才是真實永遠的悲慘世界；占中是一齣在鐵幕裡上演的民主的假戲，被獨占才是應該永遠被拔除的真戲。否則光是雨傘、太陽花，繞著問題的邊邊轉來轉去，都挺辛苦的。

17．社造的世博：城市的力量終究來自社區

二〇一〇上海世界博覽會已經落幕。而主題：城市，讓生活更美好，其實是一個可議、未定的議題。因此把這個宣示當做答案，教條化地作為世博的主題，號稱催生文明、進步地美化城市生活，這樣的誤導，恐怕世界更將淹沒在標準化、齊一化、和全球化的浪潮之中，而無法辨別身在上海、東京、倫敦，還是紐約。

根據估計，全球六〇多億人口當中，約有百分之六十以上的人們生活在都市叢

林裡，她們受到城市生活擁擠、冷漠、疏離的無情打擊，和空汙、噪音的嚴重污染，著已迫使人們尋找、選擇郊區遠離城市。而留在城市之中的終又是一場像原先來自鄉下人口外流的情景般的重演，只不過是從舊城區遷徙到新城區地一而再再而三的加大城市的版圖，直到人們見識到超級城市的廢墟，吞噬、軟化，或商品化人們對自然人文的意識，或被創造出逃離這一城市到另一城市休閒旅遊的消費需求，成為鞏固資本主義的消耗性循環。

這樣的世博，顯然是中國的矛盾，卻是民主資本世界的成功。而正當各國聞雞起舞堂而皇之地大談闊論城市的偉大之際，令人出奇不意的是美國館卻反璞歸真地述說著一個小女孩的社造故事。影片中的小女孩突發奇想地想把社區裡的髒亂角落種花植樹，但她的努力奔走，一開始卻得不到別人的友善回應和幫助。可是她的堅持終究在社區起了迴響，從原先的一個人到兩個人，兩個人到一大群人，她們合力將廢輪胎變成有創意的花盆；把廢傢具整理成戶外休閒雅座；把平凡無奇的牆壁彩繪成具有社區特色的美麗容顏。她們改裝了社區的空間，變化了社區的氣質，尤其意外的是這個口袋公園竟引來人們陣陣的歡笑聲和孩子們願意留在社區嬉戲遊玩的氛圍，套用美國常用的說法，她們實現了美國夢。

影片中，美國還懇切鼓勵大家要參加社區事務，並要注重教育和注入健康態度，培養自主意識，從社區做起，才能確保城市生活會更美好。細想美國做為一個世界大國，卻深知城市來自社區的核心價值，且唯有社造的精神，和強健自主的社區才能享有美好的生活。總結美國給世人的答案，並不是炫耀美國城市的偉大和成果，反而是強調來自社區最原始的動力和願望。這些無異給世界各地，尤其台灣目前致力社造的群體一劑強心針和最大的鼓勵和肯定。城市的力量終究來自社區，追求美好的生活終究來自社造。

18. 改變，台灣到底是要改變什麼？

改變，CHANG幾乎成為美國總統歐巴馬的口頭禪，選舉致勝的祕方；也是各方英雄好漢逐鹿中原的順口溜。但改變，到底是要改變什麼？

沒錯，台灣也須要改變，但改變的不只是政治人物，而是大家要一起改變自己的生活舊習。

像改變買票賄選的惡習，像改變政治分贓的惡慣，讓政治更清明。

像改變順民愚民成為公民，像改變台灣的政治獨佔轉型公平正義。

改變，其實是要我們也一起改變，才能迎接新的改變，新的政府。而讓生活更加美好。

改變，不好高鶩遠，不遙望天邊的彩虹，不踩著腳下的玫瑰。但這要看我們想要改變什麼？然後大家一起來：

一、應縮短規範家戶辦理喪葬的期間。

二、各火化場、殯葬所應由中央統籌整建改善零汙染並公園化。

三、各河川整治疏濬砂石所得基金運用施作高灘地運動場兼公園、自行車道等休憩設施。

四、各商店街、商圈特色小店創業前三年無息貸款及三年免營業稅。

五、違規廣告、路霸加重罰款取締，道路、防火巷、騎樓等人本通道保持暢通。

六、建立畜牧養殖專區制度，集中處理排泄物。

七、農會、水利會應改隸縣市政府主管。

八、有路就要有樹，鋪多少柏油就要種多少顆樹，路樹旁三公尺農田則視為休耕補償。

九、應限期中國國民黨黨產歸零，以及憲政歸公，修改憲法符合政黨政治的公平正義原則，或中國國民黨主動限期退出憲政獨佔。

十、總統、縣市長、鄉鎮市長、村里長、鄰長均只能選任一任六年，不能連任；立委、縣市議員、代表均只能選任一任四年，並連選得僅連任一任。

美國經濟學家傅利曼（一九六二年著《資本主義與自由》，一九七六年榮獲諾貝爾經濟學獎，一九八〇年著《選擇的自由》）曾列舉十四項政府不應該做的事，以「小政府」期待人民多獲得自由，及發達資本主義的社會共通利益。但時至今日，我們組織政府承認政府，不妨讓政府為人民多做點積極而有意義的事情，而這些事是風行草偃，上行下效的結果，要靠政府的決心貫徹實施才有成效，改變的腳程才能立竿見影。尤其，二〇一六年台灣總統改選在即，我們何不妨期待蔡英文的十年政綱為台灣的改變打下基礎，帶動翻轉台灣真正改變的風潮。

國家圖書館出版品預行編目(CIP)資料

台灣的第三條路—社區營造政治學 / 林文彬著. -- 雲林縣虎尾鎮 : 虎尾人文化研究室,
2014.11初版. -- 臺北市 : 博客思, 2015.10 再版　14.8*21公分
ISBN 978-986-5789-61-9(平裝)
1.社區總體營造 2.臺灣政治
545.0933　　　　　　　　　　　　104008327

作　　者：林文彬
編　　輯：沈彥伶
美　　編：蘇量義
校　　對：林建華 吳國勳
出 版 者：博客思出版事業網
發　　行：博客思出版事業網
地　　址：台北市中正區重慶南路1段121號8樓之14
電　　話：(02)2331-1675或(02)2331-1691
傳　　真：(02)2382-6225
E—MAIL：books5w@yahoo.com.tw或books5w@gmail.com
網路書店：http://www.bookstv.com.tw 華文網路書店 三民書局
http://store.pchome.com.tw/yesbooks/
博客來網路書店 http://www.books.com.tw
總 經 銷：成信文化事業股份有限公司
劃撥戶名：蘭臺出版社　帳號：18995335
香港代理：香港聯合零售有限公司
地　　址：香港新界大蒲汀麗路36號中華商務印刷大樓
C&C Building, 36,Ting, Lai, Road, Tai,Po, New,Territories
電　　話：(852)2150-2100　　傳真：(852)2356-0735
總 經 銷：廈門外圖集團有限公司
地　　址：廈門市湖裡區悅華路8號4樓
電　　話：86-592-2230177　　傳 真：86-592-5365089
出版日期：2014年11月 初版
2015年10月 再版
定　　價：新臺幣280元整（平裝）
ISBN：978-986-5789-61-9